TED

说话的力量

[坦桑尼亚] 阿卡什·P. 卡里亚 著　　边艳丹 译

HOW TO
DELIVER A GREAT TED TALK

世界优秀演讲者的口才秘诀

天津出版传媒集团

天津人民出版社

图书在版编目（CIP）数据

　　TED说话的力量：世界优秀演讲者的口才秘诀 /
（坦桑）阿卡什·P.卡里亚著；边艳丹译. -- 天津：天
津人民出版社，2019.6（2023.8重印）
　　书名原文：How to deliver a great Ted talk
　　ISBN 978-7-201-14812-0

　　Ⅰ.①T… Ⅱ.①阿… ②边… Ⅲ.①演讲 ②口才学
Ⅳ.① H019

　　中国版本图书馆 CIP 数据核字（2019）第 108221 号

著作权合同登记号：图字 02-2019-150

TED 说话的力量 ：世界优秀演讲者的口才秘诀
TED SHUOHUA DE LILIANG : SHIJIE YOUXIU YANJIANGZHE DE KOUCAI MIJUE

出　　版　天津人民出版社
出 版 人　刘　庆
地　　址　天津市和平区西康路 35 号康岳大厦
邮政编码　300051
邮购电话　（022）23332469
网　　址　http://www.tjrmcbs.com
电子邮箱　reader@tjrmcbs.com

责任编辑　赵　艺
装帧设计　子不语

制版印刷　天津融正印刷有限公司
经　　销　新华书店
开　　本　787 毫米 × 1092 毫米　　1/32
印　　张　8.75
字　　数　140 千字
版次印次　2019 年 6 月第 1 版　　2023 年 8 月第 3 次印刷
定　　价　45.00 元

业界评价

阿卡什借鉴了世界上最优秀演讲者们的经验及他们的想法、方法和流程，并将这些内容提炼成一个分步骤的、易于阅读的指南，帮助你发现、酝酿和进行能让你脱颖而出的演讲。

——迈克尔·戴维斯，获认证的世界级口语培训师

阿卡什·卡里亚在这本书中所分享的都是非常实用的演讲技巧和策略，如果你不熟悉这些技巧，即使同样的演讲内容所呈现出的效果也是不同的。他用很多明确的例子具体讲解了该如何使用这些策略与技巧，其内容的广度和深度给我留下了非常深刻的印象。虽然本书的准观众是那些正准备进行 TED 演讲的人，但演讲是一个循序渐进的过程，所以，它

同样适用于任何想要提高自己演讲水平或能力的人。

——凯斯·戴利

这可能是我读过的,关于演讲的思路最清晰的书之一。简单,易于阅读,但所涵盖的主题却非常广泛,同时配有丰富的实用技巧、真实案例和个人经验。

——贾维尔,获认证的亚马逊书评家

这本书中丰富实用的、案例明确的演讲技巧,可以让你轻松变身为一个充满激情的演讲者和说书人。

——艾米·贺琪,励志演说家和企业培训师

《TED 说话的力量》涵盖了适用于所有类型演讲的实用技巧。

——凯西·博尔格,演讲技巧讲师

《TED 说话的力量》就是一份简单实用的 TED 演讲说明书。作为一个成功的主持人、演讲培训师和 TEDx 青年 @ 沃斯堡的委员会成员,我认为,这本书触及了进行一场充满活力又令人难忘的 TED 演讲所需的所有关键点。

——菲利普·D.曼，主持人、TED 演讲爱好者

好东西，没有冗余！阿卡什再次做到了！每个演讲者都可以，并且应该将书中的创意付诸实践！

——理查德·C.哈里斯博士，世界级认证演讲培训师

献给我的爸爸妈妈

感谢他们一直以来对我的信任与支持

献给我亲爱的妹妹

生命因为有你的存在而更精彩

目　录

引 言

TED 演讲成功的原则

如果你看过 TED 演讲,你肯定受到过肯·罗宾逊爵士、吉尔·博尔特·泰勒、西蒙·斯涅克和丹·平克等人物的演讲的鼓舞和吸引。

是什么让这些人的 TED 演讲如此鼓舞人心呢?进行一场成功的 TED 演讲的秘诀是什么呢?你能否运用这一原则来进行一场属于自己的 TED 演讲(或者其他任何演讲)呢?

如果你遵循本书的指引和方法,我保证你的观众必将被你的演讲吸引。

我研究了超过 200 场最鼓舞人心的 TED 演讲,并逐字逐行地做了分析，找出了它们成功的共同元素。这本书是我严谨研究的汇总。在这本书里，你会发现一些方法，可以让你事半功倍。

这本书也借鉴了畅销书作者奇普和丹·希思的突破性著作《让创意更有黏性》中的一些观点，奇普和丹·希思揭示了让自己的信息更容易被记住的六个简单原则。在本书中，我将奇普和丹的这一成果应用于创造强有力的说服性演讲中。我利用他们的成功框架，借鉴 TED 演讲的例子来说明这些原则是如何被成功应用于公众演讲的。

你无须为了所谓的更大价值而去研读《让创意更有黏性》（虽然我在本书末尾的书单中也推荐了这本书）。如果你已经看过奇普和丹·希思的书，你就会明白，本书对你的知识储备绝对是一个有价值的补充，可以帮你创建有说服力的演讲和讲话。

根据奇普和丹·希思的观点，创建有效且令人难忘的成功演讲的几大原则，构成了本书的大框架，它们分别是：

简洁性原则

任何类型的信息传递——无论是广告，还是演讲——都需要简单明了，才能通俗易懂。

那么，我们该如何将这一点应用于演讲？

你怎么知道你的信息是否足够简单？

如何才能在不缩减内容的前提下让你的信息更简洁？

把你的演讲或讲话浓缩成简单的核心信息，你最希望观众在演讲结束时记住什么？

你的核心信息应该能用一句话来概括——这句话的用语甚至是一个孩子都能理解。如果能做到这一点，那么你的信息就满足了简洁的要求。

在本书后面的章节中，你会发现一些方法，可以让你的信息在不缩减内容的前提下更简洁。

出人意料原则

最好的信息要令人震惊又有出人意料之处。

在演讲中，吸引观众注意力的最佳方式是做出或说出出人意料的事，但不要太花哨（即为了出人意料而出人意料）。要确保你的"意料之外"也是你要给出的信息的一部分，其中一种方法是提供令人震惊的事实或统计数据。比如，当你正在做一个关于健康饮食选择的演讲，不要说"爆米花非常不健康"，你可以说"一袋爆米花所含的热量，相当于你一整天摄入的所有高脂肪食物的热量"。后一种说法会震惊你的观众，比关于爆米花不健康的一般说明更令人难忘。

但是，如果你的演讲内容很乏味，并且包含绝对不会令人震惊的事实或转折，那该怎么办呢？

在本书的后面，你将学习如何处理无聊的信息——即使是那些看起来似乎不会令人震惊或意想不到的信息——并将它们转化为包含"意外"元素的强有力信息。

具体性原则

根据《让创意更有黏性》的说法，最引人注意的信息是具体的，而非模糊的。

这对于你的演讲来说，意味着什么？

这意味着你应该避免使用含糊的语言，尽量给出具体而清晰的细节。如，不用"几个月前"，而是用"2011 年 3 月 19 日"；与其说"健康饮食"，不如说"承诺永远不要在麦当劳吃东西"。

在后面的章节里，你会学到更多让你的演讲更具体的技巧与方法。

可信性原则

最有效的信息是可靠而可信的。

那么，如何进行一场可靠又可信的演讲呢？

如何去建立自己的信誉，而不是炫耀你的成就呢？

一种策略就是谈论你擅长的事情。换句话说，如果你想要演讲的主题是"如何在 10 天内成为百万富翁"，那么，首先请确保你没有破产，并确保你的生活就是你所宣扬的那样。

在本书的后面，你将学习如何通过第三方去建立你的信誉。

富有感情色彩原则

激发人们情感的广告和演讲都是令人难忘而有效的。

怎样才能激发人们的情感，即使是在进行无趣的技术演讲时？

一种方法是通过说一个故事来激发人们的情感。第二十一章给出了好故事的五个元素，以及如何用故事来激发人们的情感……即便是在开展那些常见的、无趣的商业演讲时，也不例外。此外，你还可以学到三种在演讲中加入幽默元素的具体方法。

故事性原则

信息传递的最好方式就是讲故事了。故事是激发人们情感的一种非常有效的方式。在这一部分，你将了解到故事在演讲中的作用，以及该如何运用讲故事的方法将观众的注意力吸引过来！

引言小结

成功演讲的必备要素：

· 简洁性；

· 出人意料；

· 具体性；

· 可信性；

· 富有感情色彩；

· 故事性。

这就是成功演讲必备的六要素，后面，你将学到关于演讲结构、发表和内容设置等方面的100多种非常具体的方法，学会使用它们，你的下一次演讲也一定会取得成功！

精彩的演讲很简洁，也很容易理解。在本部分，我们将探讨如何使你的演讲变得简洁而不简单。

更具体地说，在本部分，你将学习到如何去开展一场简洁而有效的演讲。

· 找出你的核心信息

· 创建一句可重复使用的能量短语

· 运用修辞技巧，让你的能量短语更好记

· 成功演讲的 ABC-C 公式

· 避免开场白容易犯的三个错误

· 五种精彩的演讲开场白方式

· 用演讲结构示意图让你的结构更清晰

· 十种锚点让人牢记你的观点

· 给出一个令人信服的结论

第一部分

简洁性原则

第一章　找出你的核心信息

要进行一场振奋人心的 TED 演讲，第一步就是找到你感兴趣的话题。想想，如果给你 18 分钟的时间，让你向世人分享你的想法，你会分享什么？

我卧室的墙上挂有一张海报，上面写有一句振奋人心的语录。我第一次读到它的那一刻，就产生了强烈共鸣。它援引于 1995 年国际公共演讲比赛的世界冠军马克·布朗（Mark Brown）的一段公共演讲。

你的生活是一个故事，在你的生活之外也有可能会有人关注它。你可能认为你的故事并不会引起轰动，但比起轰动效应，真诚更重要。如果你的观众有机会和你及你的经历产生联系，那么你需要告诉他们你的经历，和他们分享你的生活、你的爱和你的想法。

尽管我不认识你，但我相信你肯定有需要向世人分享的信息，有能帮到他人的故事，并有责任去分享它们。如果你还没有发现你要分享的故事和信息，那不妨问问自己：我经历过哪些引起人生质变，并能帮到他人的人生经验？我有哪些能使他人生活更轻松的知识？假如我今天就会死去，而我能留给我的儿子／女儿／侄女／侄子的，只有一点关于人生的见解，我会留下什么？

TED演讲者对自己所分享的信息都充满了激情。例如，大脑研究专家吉尔·博尔特·泰勒博士（Dr. Jill Bolte Taylor）在TED舞台上分享了她在左脑中风时期所学到的经验教训。安迪·普迪科姆（Andy Puddicombe），一个体育科学专业的肄业生，后来成为一名僧侣，他与观众分享了每天花10分钟的时间专注于当下的重要性。西蒙·斯涅克，整个职业生涯都致力于成功学的组织者和领导者的研究，发表了《伟大的领导者如何激发行动力》的演讲，这也是TED最受欢迎的演讲之一。

你选择的主题并不重要，TED舞台上的主题非常多样化，

从《关于性高潮你所不知道的10件事》到《如何系鞋带》，再到《如何发现一个骗子》，不管主题怎样变化，但所有演讲者都有一个共性，他们不只是在发表演讲，更是在向世人展示自己，分享他们的见解和经验。

找到你所热爱的并促使你进步的关键所在，如果你对其坚信不疑，那么你的演讲会很容易展开，因为你的热爱会让你充满活力，让你不必假装微笑或者展现出造作虚假的肢体语言，因为你的热爱自会引导你的演讲。

找到你的关键点需要你做自我内审，这个过程所需可能是几分钟，也可能是数星期。但是，一旦你找到了想要与观众分享的故事或经历，你首先要做的，就是提炼出它的核心信息。请试着用最多10个字写出下面问题的答案：

如果你的观众会基本忘记你所说的一切，你最想让他们记住的是什么？

在西蒙·斯涅克最受欢迎的TED演讲《伟大的领导者如何激发行动力》中，其核心信息就是"从为什么开始"。那么，你能否将你的核心信息提炼成一句简短而易于记忆的

语句呢？

　　寻找核心信息的过程是强制优先化的过程，而不是"降低优先级"的过程。你可能有很多想要与观众分享的想法，但你要去掉所有不必要的想法，甚至应该删掉所有不重要的想法，即那些并非观众最想知道的事。

　　识别并写下核心信息有两大好处。

　　· **帮你取舍**。如果你有一个科学和我的故事、统计数据或者图表，如果它有助于解释你的核心信息，那就留下它，如果没有，还是将它留给下一次演讲吧。

　　· **帮助观众更好地记忆、理解你的演讲**。一旦你删除所有不必要的细节，观众听到的就会是一次主题集中、语言简练、思路清晰的精彩演讲。那么，哪怕他们离开后，也会记住你和你的核心信息，你的演讲也就达到了目的。

　　1992 年，比尔·克林顿在参加该年度的美国总统竞选时，寻找竞选主题的过程就是一个很好的"寻找核心信息"的例子。

根本问题是经济

　　竞选活动就是一场由数百个政治问题组成的战役，其中包括：预算和支出问题、公民权利问题、毒品政策、能源政策、外交政策、医疗保健政策、移民政策、就失业政策、国家安全政策、社会保障政策、税收政策等诸如此类问题。竞选活动中涉及如此多的关键问题，那么是否可能从中找到一条单一的核心信息？

在 1992 年的美国大选中，比尔·克林顿的竞选活动就是围绕他们的口号"根本问题是经济"来展开的。克林顿的核心信息就一条——他是那个能够让经济复苏的人。他的竞选团队意识到，虽然其他问题也都很重要，但最重要的问题是强力启动经济，因为这才是美国选民心中最重要的问题。于是，他们开始集中精力推动"根本问题是经济"这一核心信息。

连比尔·克林顿的竞选活动都可以找出一个单一的核心信息，你的演讲当然也可以了。

本章小结

找到你的核心信息并强制优先化。

· 在你的演讲中，你最想让你的观众记住的是什么？

· 用 20 个以内的字写出你的核心信息。

· 以核心信息为标准做出取舍，删掉与其无关的内容，那么一场让观众精神高度集中且记忆深刻的、广受欢迎的演讲也就诞生了。

□□

第二章　创建一句可重复使用的能量短语

首先，我们来看一组令人沮丧的统计数据：

离开演讲现场时，你演讲内容中的 20% 已经被你的观众们忘记了；到第二天，你所讲内容的一半都被遗忘了；到了第四天，80% 的信息就都被忘记了。

如何使你的演讲更令人难忘？

如何使你的核心信息更引人注意？

如何确保你的信息不会让观众一个耳朵进一个耳朵出？

确保你的信息被记住和重复的最好方法之一，就是把你的核心信息浓缩成一句既简单又吸引人的短语，并在整个演讲过程中重复几次。这个短语就是"能量短语"。

如，在马丁·路德·金的《我有一个梦想》的演讲里，其中"我有一个梦想"这一句，就是一句经受住了时间考验的能量短语。

关于能量短语，最重要的一点是它应该少于 10 个字，否则它就不容易被记住了。

此外，你也可以用一些修辞手法，让你的能量短语朗朗上口。

对比法

使用对比，会让你的能量短语朗朗上口。把相反的两个想法组合在一起，会让你的话更引人注意。一起来看下面的这些两两对立的组合：

最让我们害怕的是我们耀眼的一面，而不是我们黯淡的一面。

——玛丽安娜·威廉姆森

连这个最低期望值都没有人达到。

——约翰·莱斯利·布朗

你应该把谁计算在内？又应该把谁排除在外？

——约翰·莱斯利·布朗

解决的办法不是做更多错误的事，用更甜的胡萝卜来吸引人们，或者用更有力的大棒去威胁他们。我们需要一种全新的方法。

——丹·平克

人们在乎的不是你做了什么，而是你为什么要这么做。

——西蒙·斯涅克

交错法

交错法是搭配使用的两个短语中，前后两个词语的使用顺序正好相反的一种修辞手法。比如：

不要问国家能为你做什么——问问你能为国家做些什么？

——约翰·肯尼迪

当事情变得艰难时，正意味着困难开始了。

因为我们互不信任，所以我们拿起了武器；与此同时，我们手中的武器，又进一步造成了我们彼此的不信任。

——罗纳德·里根

世人总是对榜样的力量印象深刻，却往往对力量的榜样不甚了解。

——比尔·克林顿

押韵法

罗伯特·恰尔蒂尼博士在他关于说服力的著作《是：说服的 50 个秘诀》中这样写道："押韵可以增强你的说服力。"事实证明，押韵的语句确实比不押韵的陈述更有说服力；同时，押韵的语句也更容易让人记住。

人人都需要信任。
　　　　　　——瑞恩·艾弗里，2012 年国际演讲世界冠军
有志者事竟成。
　　　　　　　　　　　　　　　——拿破仑·希尔

头韵法

头韵法是一种起始辅音重复的修辞手法。下面这几句力量短语，就充分利用了头韵法。

我梦想，有一天，我的四个孩子将生活在一个不以肤色的深浅，而是以品格的优劣作为评判标准的国家里。（英文

原文中肤色、品格的起始字母都是 C——译者注）

——马丁·路德·金

是梦想，就终有实现的一天。（英文原文中梦想、实现的起始字母都是 D——译者注）

——沃特·迪士尼

本章小结

·将你的核心信息浓缩成一个简短、可重复的能量短语。

·单独或组合运用如下修辞技巧，会让你的能量短语更易于记忆：

·对比法；

·交错法；

·押韵法；

·头韵法。

第三章　成功演讲的 ABC-C 公式

成功原则指出，每一场简洁易懂的演讲，都有一个清晰的结构。

事实上，最好的演讲都是遵循 ABC-C 公式的。

什么是 ABC-C 公式？

ABC——开场白、正文、结论

A——注意力（Attention）——引人注目的开场白

你的演讲需要有一个引人注目的开场白。如果你在演讲的前 30 秒内没有抓住观众的注意力，他们的注意力就会游离在你的演讲之外。

遗憾的是，现在大多数人的演讲都有一个通病，即开场白往往都非常枯燥，一开口就让人能想到下面会讲什么，观众自然很快失去兴趣。

嗨，我叫 ABC，很高兴能站在这样一个重要的场合。在演讲之前，我想给你们介绍一下我们公司。我们公司由 XYZ 先生于 1959 年创立，之后它被……

听到这样的开场白你能提起什么兴趣？

你是否也曾用过类似的令观众厌烦的开场白？

在后面的章节中，我们会教给你五种明确的方法，告诉你该如何避免无聊的开场，并快速吸引观众的注意力。此外，你还会学到该用什么样的开场白，去避免大多数演讲者常犯的一些错误。

B——正文（Body）

开场白之后就是正文了。

这部分是你的主要论点和观点所在。在本书后面，你会学到一些具体的方法，教你如何让演讲的正文变得引人注目、有说服力。

C——结论（Conclusion）

每一场演讲都需要有一个明确的结论。

遗憾的是，我看到太多的演讲者用"我的演讲结束了"这类糟糕的语句突然结束演讲。在本书后面，你将会知道如何结束你的演讲才能给观众留下一个积极的印象。

C——明确的行动号召（Clear call to action）

每一次讲话和演讲都需要有一个明确的行动号召。

行动号召清楚地说明了你希望观众听完演讲后会有所改变。在本书后面的部分，你将了解演讲中有明确"下一步"的重要性，因为这样观众可以更好地接纳你的演讲。

每一个演讲都要有明确的开头、主体、结论以及行动号召。当然还有其他结构供你使用，比如"先问题后方案"结构、"时序排列"结构、"循序渐进"结构以及"功能＋优点"结构。但是，所有这些结构都要有扣人心弦（引人瞩目）的开头、正文、结论以及明确的行动号召。

"先问题后方案"结构

该结构是极具说服力的演讲结构。你可以用扣人心弦的开场白来突出问题，然后过渡到演讲的主体去扩展问题，并描述问题得不到解决所造成的严重后果。

当你承受了足够多的痛苦，且观众急切地渴望解决方案时，你再提出你的解决方案。你要解释它是如何帮助你缓解痛苦的，以及该解决方案的优势。

在结论部分，你要重申问题以及如果问题得不到解决所造成的后果。提醒观众你的解决方案的优势，并以明确的行动号召收尾，敦促观众支持你的解决方案。

在肯·罗宾逊（Ken Robinson）爵士一次引人入胜的TED演讲中，他使用了松散版本的先问题后方案结构。

如，他演讲的大部分都集中在当前教育系统的问题上。下面是他演讲前半段的一段话：

……是教育把我们带向我们无法掌控的未来。想想看，今年开始上学的孩子，到2065年才能退休。没有人知道——尽管过去四天里，人们一直在展示着自己的专业知识——五年后的世界会是什么样子，但是，我们不能因此而放弃教育他们学习这些知识。

肯爵士在完全阐释清楚了问题之后，最后才提出解决方案。所以，在你的演讲中，也请确保在提出了问题或困扰后，再提出解决方案。如果没有引起人们对问题的足够重视或迫切需要，自然人们也不会那么关心解决方案了。

"时序排列"结构

按照时间顺序排列的演讲结构非常简单。你可以按时间的先后来组织和解释事件，从最久远的开始。举个例子，如果你在演示市场营销是如何随时间变化的，可能会先讲20年前市场营销的样子，然后再讨论现在是如何进行市场营销的，最后再以预测未来的市场营销会发生哪些变化来收尾。这是一个简单易懂的演讲结构。

"循序渐进"结构

与"时间序列"结构密切相关的是循序渐进结构。在这种演讲结构中，在逻辑上引导观众通过不同的步骤走向一个事件。如，在莱斯利·摩根·斯泰纳（Leslie Morgan Steiner）关于家庭暴力的 TED 演讲中，她通过家庭暴力关系中的不同阶段来引导观众。

我不知道家庭暴力的第一步是引诱和吸引受害者……我

也不知道家庭暴力的第二步是孤立受害者……家庭暴力的再下一步是进行暴力威胁，并观察她的反应……

借用编号，莱斯利不仅让家庭暴力有了一个清晰的步骤（"第一步、第二步"），也让她的演讲步骤（脉络）非常清晰。讲完这些步骤后，莱斯利又用她个人的故事解释了相对应的每一步（如她的前夫如何引诱她、孤立她，然后施加暴力威胁并观察她是如何反应的）。这种安排，让她的演讲更有说服力，也更感人。

如果你的演讲中也有几个要点，不妨也对它们进行编号，这会让你的演讲条理、逻辑更加清晰。

"功能＋好处"结构

如果你想要推介一个产品或一项服务，这种结构是一个非常好的形式。史蒂夫·乔布斯（Steve Jobs）是使用这种结构的大师。虽然大多数演示者只关注产品的功能，但史蒂夫·乔布斯也会推销存在的好处。他会非常清楚地告知观众将如何从产品的特定功能中受益。如，当他介绍 iTunes 电影租赁时，他是这样解释租赁的好处的：

以前，我们从未想过提供音乐租赁模式，因为人们都想拥有他们喜欢的音乐。人一生中可以无数次地倾听他最喜欢的歌，但对我们大多数人来说，同一部电影，我们只会看一次，最多也不过几次。因此，电影租赁是一种很好的方式，它不仅花费更少，也不会占用我们电脑硬盘的太多空间……

参加过我培训课程的一位客户曾问我："如果我们只是给观众提供这些特征，他们能否自己发现其中的好处呢？我可不想给观众以他们很笨的错觉！"

这是一个很好的问题。观众当然并不笨。但是，不要让观众花费太多的精力去思考其中的好处在哪里。因为他们并不一定真的能将功能和好处联系在一起，因为这种联系可能并不是很清楚，或者他们懒得去思考其中的联系。

此外，观众看完你的演示后，其中的很多功能可能很快就会被他们丢在脑后。如果你只是列出这些功能，他们会忘记你告诉他们的大部分内容。但是，他们总会记住那些好处。因此，请务必明确说明每项功能对应的好处。人们购买某项产品或服务，是因为它能向人们提供什么样的好处，而不是因为它的功能。所以，一定要确保用足够的时间来详细阐述这些好处。

　　演讲时，你可以选择使用上面列出的结构之一，或是选择其他更能满足你需求的结构。但是，无论你选择哪种结构，请确保它具有引人瞩目的开场白、清晰的正文主体和令人信服的、能向观众提供明确行动号召的结论。

本 章 小 结

> ・精彩的演讲需要简单易懂的结构。
>
> ・可以使用的结构有：
>
> 　・先问题后方案；
>
> 　・时序排列；
>
> 　・循序渐进；
>
> 　・功能＋优点。
>
> ・无论你使用哪种结构，所有演示文稿都需要包含引人瞩目的开场白、正文主体、结论及明确的行动号召（即ABC-C）。

第四章　让你脱颖而出的开场白

对于演讲的开场白，你要多花些时间去斟酌，因为它是一场演讲中最重要的两个部分之一（另一部分是结尾）。

首因效应

首因效应："当需要记忆的条目较多时，相比中间那些，前面几项总是更容易被我们记住。"

——ChangingMinds.org

鉴于我们更倾向于记住列表、演讲或文稿的开头部分，所以演讲的开篇在演讲中的重要性也就更重了。

演讲的开篇之所以重要，还有其他几方面原因。它让你有机会做好以下事情：

· 与观众建立融洽的关系；

·创造第一印象，确定观众对你演讲的接受程度或排斥程度；

·为后面的演讲设定情感基调；

·在演讲的前 30 秒牢牢抓住观众的注意力，确保他们不会在你演讲时神游天外。

《黑暗骑士》《盗亦有道》和《暮光之城》的经验

想想你最近看过的一部大片，开场是不是像许多其他电影一样充斥着战斗、汽车追逐、炸弹爆炸或银行抢劫等场景？为什么会这样？目的就是快速引发你的兴趣并深入其中。轰动一时的电影《黑暗骑士》，其开篇也不例外，上来就是银行抢劫的场景。

但也有一些电影大片，开场并不那么引人注目，而是以一种意想不到或令人震惊的陈述开篇，但其目的同样也是让你快速参与其中。比如《盗亦有道》的开场白：

在我的记忆中，我一直想成为一名黑帮老大。

成功的编剧、电影制片人和演讲撰稿人都知道，成功的关键在于快速将观众带入到故事当中。作家们也很明白，小说的前几行非常重要——观众会失去还是产生兴趣，这取决于你能否从一开始就抓住他们的注意力。

再来感受一下现象级畅销书《暮光之城》的开场白：

我从未考虑过我会如何死去——尽管已经好几个月了，我一直未能找到足够的理由——但即便我有，我也想不到会是这样的。

这样的开场白是不是令人震惊，让你疑惑："哦！发生了什么事？怎么开篇她就快要死了呢？她会怎样死去？"

任何演讲、电影或图书的开篇，其目的都是为了快速吸引观众……从开始就抓住他们的注意力。

你看过的演讲中，有多少演讲者是从他演讲的前几句就抓住你兴趣的？

你听过的演讲中，有多少演讲者的开场白就让你有种"哇，这真的很棒"的感觉？

现在，请思考一下，你有多擅长创建一个引人注目的开场白，以便快速把观众带入到你的演讲中。如果你觉得自己的开场白还有改进的空间，那么本章对你来说将非常有用。你会学到该如何从一开始就激发观众的兴趣并吸引他们的注意力。

首先，让我们探讨下最易犯的三种开场白失误。

1. 令人厌烦的"自我中心"开场白

遗憾的是，太多的演讲者习惯于以乏味无趣的"自我中心"开场，结果也就只能是让他们的观众陷于昏昏欲睡中。

看看，下面这样的开场白是否给你似曾相识的感觉？

早上好，非常感谢大家拨冗来听我的演讲。我叫ABC，来自 XYZ 公司，我们公司是一家有 150 年历史的老牌公司。我们专注于提供以客户为中心的创意战略。这些战略可以让客户充分利用自己的优势，在新的经济形势下实现有机增长。

你以为观众会有兴趣了解你公司的历史、使命和价值观吗？基本不可能。

做一场精彩演讲的关键是，让演讲和观众自身产生关联，而不应只是关于演讲者的！即演讲内容要跟观众息息相关……而不只是针对演讲者本身。

因此，你的开场白应该"聚焦于观众"——让观众确切地知道你可以为他们解决哪些问题，又可以给他们带来什么好处！

2. 缺乏诚意的开场白

一位公共演讲的培训师是这样开始他的研讨会的。

他一走进房间，就说道：

嗨，非常荣幸今天能受邀来到这里。很高兴有机会来到这里，感谢 X 先生邀请我参加这次研讨会。

接着，培训师看着我们又说道：

现在，我想问一问，你们当中有多少人预料到了我刚刚那些话……甚至可能是一字不差的？

听到这里，人们不禁哄堂大笑，每个人都举起了手。

原因很简单：几乎所有人都喜欢用"谢谢你"来开始他们的演讲，甚至是使用几乎完全相同的文字。

如果你也是一个这样的演讲者，那么你就失去了一个让自己脱颖而出的好机会，也失去了一个给观众留下深刻第一印象的好机会！

更糟糕的是，很多观众可能会因此下意识地给你打上"无聊"和"缺乏创意"的标签。他们会跟过去听其他演讲一样，精神上很快游离于你的演讲之外。这时，你再想重新把这些观众的注意力带回到你的演讲，将会变得非常困难，而你在那个都是一群陌生人的、根本没人真正倾听你演讲的房间里，将会更加尴尬。

后面，如你预期的那样，我们会介绍几种技巧让你直接抓住观众的注意力和想象力。但是，在此之前，让我们先解决一个很多人都曾在我的公共演讲研讨会上提出的疑问："我为什么不该在演讲一开始时就感谢别人？这是一种礼貌啊！"

正是出于这一想法，很多人尽管知道用标准的"感谢式开场白"很有可能会让他们的观众走神，但多数发言者仍然在继续使用它，因为他们都有一个错误的假设——他们必须在演讲的开始时就表达对观众的感谢。

感谢主办方的邀请和观众并没有错，但是没必要在演讲的开始就完成。事实上，你不仅可能会因为这种格式化的"谢谢"而失去观众，你的感谢也可能被认为是没有诚意的。一种常见的情况是，因为大多数演讲者都在开头的几句说"谢谢"，你的"谢谢"听起来也没有什么不同……这只会被视为一种固定的开场白形式，而不是真诚表达感激之情的好方式。

那么，何时才是感谢观众和主办方的最佳时机呢？

时间就在你与观众建立融洽关系之后的那一分钟，那才是你向主办方和观众表达感激之情的最佳时机。

如，一位参加领导力培训研讨会的发言人，是这样在其演讲过程中感谢观众的："谈到领导力，我得说，吉姆（首席执行官）在领导这家公司方面做得非常出色！"在演讲中间的这一出人意料的评论，给人的感觉肯定比开场老套的"谢谢"更加真诚。

还有一位喜剧演员，在他的开场故事将大家都逗得哈哈大笑一场后，他专门用了一两分钟去郑重其事地感谢他的观众。他是这样说的："我得说，你们都太捧场了，今天能来到这里，我真是倍感荣幸！上周我在另一场演出中……"随之话题就转到了另一个笑话上。

关键提示： 这里的关键点是要避免以老套的"谢谢"开场，否则你就只能白白丧失一个脱颖而出的大好机会。与此同时，你的观众也将失去倾听下去的兴趣（毕竟，都已经清楚地知道你接下来会说什么，还有什么继续听下去的必要呢），你的感谢也肯定会显得全无诚意。反之，当你与观众已经建立一定联系之后，再使用本章后面提到的五种开场策略之一去表示感谢，那效果自然也就大不相同了。

注意： 在一些特别正式的情况下，你确实必须在一开始对主办方表示感谢，那么只用一句简短的"谢谢"就行，然后话题就可以转移到探讨某个问题或某个故事去。

3. 以笑话开场

"我用笑话作为演讲的开场白如何？"

嗯，这是一个很好的问题！幽默是与观众建立情感纽带的好方法。跟那些很少或没有幽默感的演讲者相比，一个幽默的演讲者会更容易博得观众的好感，也更有亲和力。

但是，个人观点，我建议还是避免用玩笑开场，原因有三：

· 常见笑话并不一定会给所有人留下深刻印象。如果你使用的是笑话书或网上找来的笑话，那么极有可能有的观众已经听过了。此时，你本人及你的演讲就会被打上"非原创"的标签，甚至连你后续演讲的真实性也会受到质疑。

·**笑话会分散观众对主要信息的关注度**。我听过不少演讲者的开场笑话，都与他要表达的主要观点完全无关。为了让演讲生动有趣起来，很多演讲者会不遗余力地引入一些笑话，结果却让主题被分散——毕竟，要想找到直接能证明你观点的笑话真的很难。记住这点：不要用与你的演讲内容无关的笑话开篇！

·**对自己讲笑话的能力期待过高**。一个笑话需要精准的时间安排和大量使用面部表情，而这两者都是大多数发言者所欠缺的。于是，很容易出现"笑话尴尬"的情况，造成一种没人笑的尴尬氛围。如果出现这种状况时，你又不善于救场，那么就难免会对你接下来的演讲产生负面影响。

但是，如果你是一个颇有幽默感的演说家，也确实很想以一个好玩的笑话开场（且与你的演讲内容相关）。这时，因为这个笑话是你独创的，观众中没有人听过它；同时，你平时也很善于讲笑话，不会产生什么额外的压力；再加上笑话本身也确实很有笑点，那么，这种情况下，你是可以用这样一种开场形式的，并能够成功地引发观众的关注与兴趣。

五种精彩的演讲开场白方式

在研究了超过 200 场 TED 演讲之后，我发现有五种开场白方式，可以很好地吸引观众的注意力。

1. 从一个故事开始

最好的演讲者都是故事大师。他们不仅讲故事很生动有趣，还能用引人入胜的故事来强化自己演讲的内容。毕竟，没有什么比一个好听的故事更容易被人记住了。

一个好故事不仅是一种很棒的开场白方式，也是一种很好的结束方式。按全美演讲者协会的第一任主席比尔·戈夫（Bill Gove）的说法，公共演讲的本质是"讲述一个故事，并说明一个观点"。

在苏珊·凯恩（Susan Cain）的热门 TED 演讲——《内向的力量》中，她就是用开场就立即抛出其个人故事的方式，将观众深深地吸引到她的演讲中。

我 9 岁时，第一次去参加夏令营，妈妈帮我整理好了行李箱，里面塞了很多书。这对于我来说是一件极为自然的事情，因为在我们家里，阅读是最常见的家庭活动，听上去你们可能觉得我们不爱交际，但对于我们家的人来说，这只是家人之间交流的另一种形式而已。一家人依偎在一起，身体的亲密接触表达、感受着亲情，与此同时，各自的大脑却正在思维深处自由地驰骋冒险。我觉得，如果夏令营也是这样子，可能会更好……

听到这里，你是不是也很想知道更多关于她参加夏令营的事呢？

讲故事是一个极好的开场策略，那是因为：

· **故事更抓人**：每个人都喜欢动听的故事，所以用故事作为演讲的开始会更容易吸引观众的注意力。从故事开始的那一刻，你的观众将被深深吸引住。

· **故事更能引起观众和演讲者之间的情感共鸣**：个人故事更容易唤起观众的情绪。研究表明，我们的大脑并不是很善于区分"真实"的事件和想象的事件。因此，当你讲述一个故事时，观众会想象甚至"亲身感受"着你所描述的那种情绪。你的故事很难忘，是因为观众"亲身经历"了它，而不仅仅是在听故事。

· **故事更容易被记忆**：故事总是能给人留下更深刻的记

忆。科学研究表明，故事是人们理解这个世界的重要方式。人们甚至将他们的生活看成一个故事，里面有开始、有正文、也有结尾，人生中每一段新的经历则是故事中一个新的"篇章"。也正是因此，我们可能会很快忘记种种统计数据和花哨的图表，但我们很难会忘记一个好故事。

鉴于故事在高效沟通中如此重要，所以在后面的章节我们将向大家介绍讲好一个故事的基本要领。懂得了这些要领，你一定会成为一个让你的朋友和观众们都信服的故事大师。

2. 用问题来制造知识空白

开场时用提出问题的方式来制造知识空白：观众知道的和观众不知道的——这两者之间的鸿沟总能使人产生好奇心，因为人们对知识永远都充满了渴望。

比如，你可以开篇就提出这样一个问题："为什么大多数人在他们的职业生涯中都未能更上一层楼呢？哪怕他们在工作上已经很努力也很用心了，却为什么仍然无法实现他们心中的梦想呢？"听到这里，恐怕你的观众已经开始思考并给出他们自己的答案了。因为你的问题直接戳中了他们的内心！

在西蒙·斯涅克的 TED 演讲中，他是以一系列强有力

的问题开始演讲的。

当事情并未朝着我们设想的方向发展时，你会怎么想？或者反过来问，你怎么看待别人能够打破那些看似违背事物发展规律的可能？

如，苹果公司为什么如此有创造力？年复一年，他们依然比所有竞争对手都更具创造力。他们也只是一家高科技公司而已，与其他公司没什么不同，接触到的都是同样的人才、同样的代理商、同样的管理者、同样的媒体。他们的与众不同又是从何而来的呢？

为什么马丁·路德·金能领导美国民权运动？他并不是唯一遭受美国预民事权利法案伤害的人，当然他也不是那个时代唯一的伟大演说家。他为什么就能成为美国民权运动的领袖呢？

为什么莱特兄弟能够研究出可控制动力的载人飞机呢？当时肯定有其他更有资格、资金更充足的团队，甚至已经实现了人力飞行，而莱特兄弟却击败了他们。这其中一定有什么其他的因素在起作用。

以问题开场，有一个重要的注意事项是，你必须确保在问完问题后，暂停一下，以便观众有足够的时间思考你的问题。如果提问之后缺乏停顿，不给他们时间理清自己的思绪，他们也不会有心思关注你后面所说的话。

以问题开场的最后一个好处是，它将你与观众的心联系在了一起。如，达伦·拉克鲁瓦（Darren LaCroix，2001 年度国际公共演讲比赛的冠军）在国际公共演讲比赛的获奖演讲中，就是以一个问题开始的。

你还能记起某个惊艳的火花闪现在你脑海中的那一刻吗？

如果你也是观众里的一员，你肯定会立刻联想到自己身上——"是的！我当然会记得那样一个时刻了！"

当你提出的问题正好与观众自身相关时，你自然就成功地跟观众的心联系在了一起。

你再做演讲时，不妨尝试以一个可以与观众自身相关的问题开始，或者以一个知识空白并让观众产生好奇心的问题开始，那么你的观众会沉浸于你所讲的每一个字里！

用问题引发观众的好奇心来开场，再用故事去填补知识空白，进而引出你的主要观点。

假设你以下面的问题开篇：

为什么大多数人在职业生涯中都未能更上一层楼呢？哪怕他们在工作中已经很努力很辛苦了，为什么仍然无法实现他们心中的梦想呢？

这时，一些演讲者常用的做法是立即揭开答案，并告诉他的观众——"大多数人失败的首要原因就在于他们没有为自己设定目标。"

但是，作为本书的读者，你就有了更好的做法。你可以让观众自己"发现"答案，而不是直接告诉他们答案。你可以用一个切题的故事来延长他们的好奇心。如，在开场问题过后，你可以讲一讲你朋友杰瑞的故事，他每晚都在办公室加班到很晚，但工作上并没有什么成就。后来，杰瑞又是如何设定目标，一步一步成为公司副总裁的。

不是直接向观众揭示答案，而是让他们通过杰瑞的故事自己去"发现"答案。此时，观众不仅提起了兴趣，同时，他们也因为杰瑞的故事对你产生了深刻的印象。

所以，这部分的秘诀就是——用问题制造知识空白，再用一个引人入胜的故事去填补空白。

3. 引用名人名言

你想增加演讲的可信度吗？

你是否可以通过借用第三方的可信度来建立增强你讲话的可信度？

那你可以考虑以引用名人名言的方式开场。

一个表明你主要观点的简短引言，可以作为你演讲的有力支持。比如，如果你正在做关于保持事情简单化必要性的演讲，那么你可以通过借用爱因斯坦的话来增加可信度。

如，爱因斯坦曾说过："想象力比知识更重要！"

但是，在选择名人名言作引言时，要注意以下几点。

·**越短越好**：引言越短，越有效果。长篇大论会让观众厌烦。

·**确保相符性**：确保引言与你的主题相符，与场合氛围相符。在一场肃穆的葬礼上，引用荷马·辛普森（Homer Simpson）的俏皮话可能就不合适。

·**确保来源**：确保引言来源的可信度。如果你发表有关道德伦理重要性的演讲，请不要引用希特勒的话！

·引用权威的话：引用你高中好友的话可能会取悦你的朋友，但观众不一定能真正领悟其中的意思。所以，引言最好来自观众都熟知的名人。

·选择未被过度使用的引言。一些经常被使用的名言，观众听到的次数太多，难免会心生厌倦。所以，引言尽量多使用那些观众不太知道的。

如，在2003年国际公共演讲比赛的演讲中，当谈到梦想的重要性时，吉姆·凯（Jim Key）引用了马丁·路德·金的一句话。但是他引用的并不是马丁·路德·金最常被引用的那句"我有一个梦想"，而是另外一句更切合他演讲主题的话。

马丁·路德·金，这个时代最伟大的梦想家之一，曾说过："做正确的事，任何时候都是好时机"，这句话告诉我们，年轻时有梦想是好事，成年后有梦想当然也是好事。

4. 有趣的或惊人的陈述

戴尔·卡耐基说："从你的第一句话开始，就引入一些有趣的内容。记住，不是第二句，不是第三句，而是第一句！第一句！第一句！"

你可以通过一个惊人的事实来震撼你的观众，让你和你的主题，从大多数其他发言者中脱颖而出。比如，在谈论少食用快餐的重要性时，你可以用以下事实开始话题。

"吃 100 克麦当劳的奶酪，你就会增重近 200 克！"

一个震撼人心的事实，它的内容必须是超越常识的。当你抛出一个大多数人都没有意识到的事实时，是等于在为他们的生活增添价值，自然会给他们留下深刻的印象。

除了震撼人心的事实外，一件引发人们好奇心的事，也能起到同样的作用。如：

1989 年，我从大学毕业时，我的教授告诉我一些事，这直接改变了我的生活……事实上，它们也可能改变你的生活。

观众的好奇心就这样被激发了，他们不免会好奇："你的教授说了些什么？它们是如何改变你的生活的？它们又将如何改变我的生活呢？"

引发人们好奇心的事制造了一种让观众迫切需要填补知识空白的紧迫感。

记住，如果你能给你的演讲找到一个令人好奇的或震撼人心的事实作为支持，并用作演讲开场白，那么你的观众一定会被你的演讲所吸引。

5. 回溯

回溯是指事件发生之前或期间发生的事情。如，肯·罗宾逊爵士在他的 TED 演讲中，回忆了演讲之前发生的事情。他说：

这次会议有三个主题，三个贯穿会议始终的主题，它们都和我要谈的内容有关。其中之一就是证明了人类伟大的创造力，证明了人类创造力的多样化和广泛化，对于这一点，大家之前的演讲，以及在座的各位，都是很好的证明。第二点——我们不知道创新会把我们带向一个怎样的未来，也不知道未来会发生些什么……

接下来，他又回忆了前一天晚上发生的事情。

第三点，是我们所有人都认同的，无一例外，那就是——这些孩子的特别之处正在于他们的创新能力。赛林娜昨晚的表现很令人惊奇，不是吗？看她的所作所为，你会说她很出色，但是我想说，她的孩提时期也并没有多么与众不同。你们可能认为，每一个天才都是老师数十年辛勤培育的结果。但我以为，所有孩子都是天生的天才。

回溯之前的演讲，肯·罗宾逊的演讲给人一种个性化的感受，让观众感受到演讲是为他们量身定制的，而不是那种通用的大路货演讲。

在演讲中，你可以回溯前面演讲者的演讲内容或你发言之前发生的事。

用一个故事、一个问题、一段引言、一个有趣或惊人的陈述或是回溯早期事件来开场，这只是创建一个好开场白的一方面。用这五种开场白的其一开场后，接下来需要的可能是一个重大的承诺、一段痛苦的陈述和一个路线图。这具体都是些什么呢？让我们从这个重大的承诺开始说起：

给出一个重大的承诺

如果你曾经熬夜看过卖电子腰带的电视购物节目，你很可能听过下面一些短语。

·不用辛苦锻炼，不用汗流浃背，你可以毫不费力地拥有八块腹肌！

·只要 30 天，你的腰围就可以减掉 10 厘米！

·相比普通运动，效果高出 30%！

上述是电子腰带给出的一系列重大承诺。电子腰带的工作原理是通过腰带上的电子信号对肌肉进行刺激……因此，你可以坐下来只是"看着脂肪融化"——而不用流汗！由于这些重大承诺，电子腰带变成了"必备"品（我承认在听到这些重大承诺后，我也想要一个）。但是，2002 年，美国联邦贸易委员会指控三种最畅销的电子腰带做了如上所列的虚假宣传。

重大的承诺可以非常有效地赢得人们的时间、注意力和金钱。希望你也意识到利用重大的承诺是多么容易，并且我希望你能确保重大的承诺永远都不是空洞的承诺。

在商界中，有许多公司以非常道德和诚实的方式使用重大的承诺。以下是一些例子：

瑞安航空公司：瑞安航空——最低票价保证，如非最低，双倍补差价

脸书：Facebook（脸书）——沟通你我，畅享生活

沃尔玛：会省钱，生活更美好

那么，所有这些与富有创意和说服力的演讲有什么关系呢？

简单地说，它保证了你的演讲为观众提供的重大承诺。

你演讲里的重大承诺是什么？你的演讲为观众带来了哪些好处？他们为什么要听你的演讲？这对他们有什么影响？

尽可能给出最引人注目的重大承诺，并将其置于演讲的开头。这不仅会让观众对你的演讲心生好奇，大感兴趣，也是你能提供的让他们前来听你演讲的最佳理由。

如，在我关于公共演讲技巧的研讨会上，我向参与者做出以下重大承诺：

在这为期半天的研讨会上，您将学会一些方法和技巧，让你也能成为一名极具说服力的演讲者。有了今天学到的技巧，我可以保证离开时的你比刚进来时的你强上两倍。今天，我们要学到的五种方法，可以帮你少走很多弯路，让你快速成为一位自信的演讲者、一位观众乐于倾听的演讲者、一位观众喜欢的演讲者！其中，第一个方法是……

重大的承诺会让观众更想跟演讲者亲近，更乐于倾听。你在演讲中给出了重大承诺，会让观众迫不及待地想知道你演讲的内容！

你的重大承诺不需要像我的那样冗长和精细，它可能只是一两句话。如，当你向老板提出一个新想法时，你可以说：

在这次会议中，将讨论我们该如何进入一个价值 4 亿美元的未开发市场！

再比如，作为一名销售培训师，你可以通过以下方式开始你的研讨会：

在接下来的 20 分钟里，我们将跟大家探讨如何将销售额翻倍并使收入增加 3 倍的方法。

在给出重大的承诺时，需要记住以下几点：

· 回答 WIIFM 问题：在每次演讲开始时，观众都在问自己，"WIIFM（What's In It For Me）：对我来说它有什么用？"确保你的重大承诺能让你的观众有充分的理由倾听你接下来的演讲。

· 将你可以给予观众的最大好处纳入重大承诺中：听了你的演讲，观众会得到的最大好处是什么？将其中的前三大好处包含到你的重大承诺中来。

· 涵盖 EDGE 的好处：不同的观众会受到不同事物的激励。有些人受到赚更多钱的前景的激励，有些人的动机是获得更多的时间，还有人想要更多的享受。

在《世界级演讲》一书中，克雷格·瓦伦丁（Craig Valentine）谈到了 EDGE 的好处。他将激发观众兴趣的各种好处分类为缩略词 EDGE，意思是：

· E 尊重更多：更多的自信。

· D 做得更多：在更短的时间内做更多的事情，实现更多的目标。

- **G 获得更多**：获得更多的资金、更多的时间。

- **E 享受更多**：享受更多的快乐、更多的乐趣、更多的幸福。

如果你从 EDGE 这 4 个元素中各得到一个好处，你就可以满足所有观众的需求。

- **利益具体化**：使可能获得的利益尽可能具体、明确。不要说"你会卖得更多"，而要说"你的销量会增加一倍"；不要说"你会成为一个更好的演讲者"，而要说"你会比刚进来时优秀两倍"。不要说"你会瘦下来，看起来更棒"，而要说"你会减掉身上的所有脂肪，拥有令人艳羡的八块腹肌"。细节描述会令人更兴奋，因为它们会让观众在脑海里绘制出一幅全面清晰的获益表。

- **确保你的重大承诺能兑现**：不要做出任何空洞的承诺，否则观众会有受欺骗和被操纵之感。我曾经亲历过，一位演讲者在演讲开始时承诺，他会告诉我们一个公式，保证我们在与朋友玩扑克时达到 95% 以上的赢率。身为一名扑克玩家，我非常期待能知道这个公式。也许这个新的计算策略可以帮我赢得更多的钱，遗憾的是，在演讲的结尾，演讲者却说："没有什么公式可以达到 95% 的赢率。"我非常失望，觉得自己被骗了。虽然在如何计算扑克赔率方面，演讲者确实给出了一些比较好的点子，但我离开时还是觉得这是一次满是欺骗的、令人失望的演讲。

注意：你的大承诺并不总是必须明确的，它可以是模糊的。我们还是用西蒙·斯涅克在 TED 演讲中的开场白来解释。

当事物并未按照我们的假设进行时，你会怎样解释？或者反过来问，你如何解释别人为什么能实现那些看似违背所有可能的事？如：苹果公司为什么如此具有创造力？年复一年，他们依然保持着比所有竞争对手更强的创造力。

西蒙并没有给出明确的答案，而是在他的提问中，向观众暗示了为什么有些人和公司能取得成功，而其他人或公司却不行。

如果你无法做出一个明确的重大承诺，那么不妨用问题给出一个模糊的重大承诺，以此让观众对你的演讲保持好奇心和兴趣。

给出一个痛苦的陈述

人的行为往往出于两种动机:

1. 获得快乐（即利益和好处）: 人们之所以采取某些行动,是因为他们可以从中得到一些好处,如快乐、自信、财富等。如果你演讲中的重大承诺为观众提供了无法抵御的好处,那么他们自然会乐于倾听你的演讲。

2. 避免痛苦和损失: 人有避免痛苦和损失的趋向。研究表明,与获得的好处相比,人们更倾向于去避免损失。

因此,除了重大承诺之外,你演讲的开场白还需要突出一下观众当前所承受的痛苦。你可以在给出重大承诺后,插入一个简短的痛苦陈述,通过指出他们当前正在失去的东西来激发他们倾听你演讲的兴趣。

下面我们就看看,当我们给出一个重大承诺,并附上一份关于痛苦的简短陈述后,演讲会变成什么样子:

在接下来的 15 分钟内,我们将讨论如何利用未开发的市场来使我们的业务收入增加 500%！如果忽视这个尚未开发的市场,我们每年将失去 4 亿美元的收入！

下面是另外一个例子：

在接下来的 20 分钟内，您将获得的是让销售额翻倍、收入增加 3 倍的方法。不使用这些技巧，你每天都在损失数千美元的收入。

在我的沟通技巧研讨会上，我要求观众思考他们错过的机会，以此来放大他们的痛苦。

良好的沟通技巧对事业的成功至关重要。想想看：由于缺乏说服关键决策者的方法，你的创意被否定了多少次？有多少次看到比你更快晋升的同事——不是因为他们更专业，而是因为他们更自信、口才更好？因为缺乏促进成交的技巧，你又失去了多少潜在收入？

用这些痛苦问题、痛苦陈述，引发观众对他们目前所处境况的不满——当他们心生不满时，就会开始寻找解决方案来缓解痛苦。你演讲中要做的，就是将你的方法或想法打包成一个可以帮助观众消除痛苦，同时使他们更接近目标和梦想的解决方案。

看到这里，你也许会想："我不可能在我的演讲中这样说的！这样老板会认为我傲慢自大，我永远不可能用得上这项技巧。"

确实，一个这样明确的痛苦陈述并不总是明智的、受欢迎的。但是，痛苦的陈述同样可以是模糊的。

如，律师尼克来找我做演讲辅导，因为他要向一群银行经理做一场关于"在中国香港遵循新的银行法规重要性"的演讲。他面对的都是忙碌的银行高层，都是在老板的要求下被迫来倾听尼克的演讲。换句话说，他们对了解立法并不感兴趣，因为他们认为这对他们的职业生涯来说，是无足轻重的。

为了引发这些观众的注意力和兴趣，尼克和我决定以一个简短的故事开场，突出银行经理人如果不遵守法律可能面临的处罚。于是，尼克在他演讲的开始，就讲述了美国一家大银行因为忽视类似的立法，结果被罚款数亿美元，而该银行的一些高级经理人因未遵守该规定而被解雇的故事。

这个开场白引发了前来倾听尼克演讲的银行经理人的高度关注，因为故事中隐含的痛苦陈述突出了观众们可能面临的后果。然后，尼克引出了他的解决方案并做出探讨："在这个演讲中，我们将讨论该如何去避免类似的情况出现，并确保我们会遵守相关规定。"

给出演讲结构示意图

你的演讲需要为观众提供演讲结构示意图，以明确他们将前往何处，又该如何到达目的地。如，在我一次公共演讲研讨会上，我是这样说的：

在这次研讨会期间，我们首先将掌握制作让观众想要知道更多内容的三种方式。接下来，我们还将学习到三个非常具体的公式——可以条理清晰地构建演讲，并使观众印象最深刻化的公式。最后，我们还会学习到三种能拿来就用的表达技巧！

上述演讲结构示意图让我的观众清晰地知道研讨会分为三个部分，即内容、结构和表达。这样可以让观众在脑海中创建三个不同的文件夹，每部分一个。观众不仅可以为每个部分进行归档打分，也会让他们更容易理解和记忆。

史蒂夫·乔布斯在斯坦福大学毕业典礼上做的精彩演讲中，也简要介绍了他的演讲结构示意图。

下面，我将与你们分享三个故事。我演讲的全部内容，就是这三个故事。

这里还有一点可以学习的是，你应该在演讲开始就给出一个简短的演讲结构示意图，以便让观众快速了解你演讲的结构。

本章小结

· 不要以一个无聊的"自我中心""谢谢"或笑话作开场白。

· 用以下五种开场方式中的一个或多个组合来开始：

　　· 从一个故事开始；

　　· 用问题来制造知识空白；

　　· 引用名人名言；

　　· 有趣的或惊人的陈述；

　　· 回溯。

· 给出一个重大承诺（明示或暗示）。

· 使用痛苦陈述（明示或暗示）。

· 给出演讲结构示意图。

在开篇的构思和修改上多花点时间，并事先排练你的开场白，让你的朋友和同事先就你的演讲开场和结尾给出意见或建议。致力于完善演示文稿开场白的所有时间和付出都是值得的。

第五章　建立演讲的主体

演讲的主体是你构建主要观点和论点的地方。有了核心信息，你可以条理清晰地构建你的论点，并使用故事、统计数据、类比、活动等来支持自己的观点。

关键是要记住你每次提出观点时，需要将你的观点绑到锚上。

什么是锚？

锚是一种将你的观点与观众的记忆联系起来的设备，你可以使用多种类型的锚点来支持你的观点。

十种锚点让人牢记你的观点

每次提出观点时，都要把它绑到锚上。大多数演讲者易犯的错误是，他们给出了太多的观点，但是没使用锚来让他们的观点联系到一起。这样，他们的观点就很容易被遗忘。

你可以选择以下十种锚点中的任何一种来将你的观点与观众的记忆联结在一起。

1. 奇闻轶事（故事）

讲述一个能印证你观点的故事。一个好故事，就是一份令人难忘的证言。

现在，假设你是一个政治家。想象一下，你获得了生命中最大的机会——在一场全国级的大型会议上发表演讲的机会，在成千上万的人面前讲话，还有数百万人在电视上观看。你在当地很有名，但在国家的舞台上并不那么为人所知。你会如何开始这个演讲？

2004 年，巴拉克·奥巴马（Barack Obama）得以在当年的民主党全国代表大会（DNC）上发表主题演讲。当时，奥巴马是伊利诺伊州参议员，但他在国家这个大舞台上并不那么知名。但这次演讲，令他迅速在全国范围内成名，并引发了对他未来竞选总统可能性的讨论。在这次演讲中，奥巴马用了不到一分钟的时间，讲了一个故事，来支持他演讲的主题。抛开政治方面的不提，下面是奥巴马在 2004 年 DNC 年度大会上的演讲中故事部分的摘录，非常值得探讨研究。

今晚对我来说特别荣幸，因为——实话说——我能来到这个舞台上是很不可思议的。我父亲是一名外国学生，在肯尼亚的一个小村庄出生和长大。他从小牧羊，在铁皮棚屋里上学。他的父亲——我的祖父——是一名厨师，一位英国人的家庭佣人。

但我的祖父对他的儿子有着很高的期待。通过坚持不懈的努力学习，我父亲获得了奖学金，来到了这个神奇的地方——美国——这个对很多前人来说，意味着自由和更多机会的地方学习。

在这里学习期间，父亲遇到了我的母亲。她出生在堪萨斯州，一个与非洲大陆完全不同的小镇。大萧条时期，她的父亲大部分时间都在石油钻井平台上或农场里工作。珍珠港事件第二天，我的外祖父报名参了军；他加入了巴顿将军的军队，穿行于欧洲各地。

我的外祖母一边照顾着家里的孩子，一边在轰炸机组装线上工作。战争结束后，他们研究了 GI 法案（退伍军人权利法案），通过 FHA（联邦住宅管理局）买了一所房子，移居到了西部，也曾到夏威夷寻找机会。

他们对他们的女儿也抱有很大的期待。同样的梦想，分别诞生于两片不同的大陆。

我的父母不仅分享了一种不可思议的爱，他们对这个国家的未来也有着坚定的信念。他们给我起了一个很非洲化的名字，巴拉克，或"祝福"，并坚信在这个高度包容性的美国，这样的名字对于成功不会构成障碍。他们想象着——他们想象着我会在这片土地上最好的学校里上学，尽管他们并不富裕，因为在这个慷慨的国度里，人们不需要富裕来发挥潜力。

现在，他们都去世了。但是，我知道，在这个夜晚，他们在天上骄傲地注视着我。

今天，我站在这里，代表他们站在这里，这得感谢我所继承的多样化的遗产，同时，我也意识到，我父母的梦想也将在我的两个宝贝女儿身上延续下去。站在这里，我知道我的故事正是伟大美国故事的一部分，我欠所有前人的债——因为，在这世界上其他任何国家，我这样的故事都是不可能发生的。

这个故事的主旨是，坚持不懈地努力总会获得回报。我相信故事是你可以使用的最佳锚点之一。它激发人们头脑中的情感，是我演讲时最可靠并获得持续成功的方法之一。

2. 首字母缩略词

下面让我们一起来做一个快速思考方面的实验。假设你现在参军了。你隶属于步兵的侦察兵，也就是说你在前线。你负责定位敌人的位置并秘密报告其活动的重要任务。经过军事训练后，你了解到需要向总部报告以下项目，以便提供做出知情决策所需的情报。

· 规模——敌方部队大约有多少人？

· 位置——以地图为参考来定位敌人位置。

· 部门——敌人隶属于哪个部门？

· 活动——敌人正在进行哪些活动？

· 装备——敌人拥有哪些装备和武器？

· 时间——侦察的时间和日期。

请按照上述顺序，花几分钟时间记住列表中的事项。

现在，不要回头看清单。想象一下，你正在执行你的第一个任务，你已经发现了敌人。不幸的是，敌人也发现了你，你被迫加入战斗中。敌人向你开火了——在乱飞的弹雨下，在嘈杂的命令声中，人们在到处躲藏隐蔽，避开火力覆盖，炸弹在你附近爆炸。你也被炸弹的爆炸声震得一阵眩晕，甚至很难清楚地思考，但你却必须写一份关于敌人活动的快速报告发回总部。在这种形势下，你认为你还能记得几条报告所需的项目？

当然，在这种条件下很难记住任何事情。但是，为了使军事人员更容易记住报告要求，军方设计了一种更轻松的记忆法——S.A.L.U.T.E. 首字母缩略词法，也即情况、活动、位置、单位、时间、装备（即 Situation, Activity, Location, Unit, Time, Equipment）。SALUTE 首字母缩略词从每个所需报告的项目中获取首字母，并将其组成一个单词，军人可以使用该单词来记住这些项目。

军方经常使用首字母缩略词来帮助其军人记住重要概念。如，首字母缩略词 B.R.A.S.S. 已被设计用于帮助军人记住准确射击的技术。BRASS 分别代表呼吸、放松、瞄准、松弛和挤压（Breathe, Relax, Aim, Slack, Squeeze）。同样，首字母缩略词 BRASS 在帮助士兵记住射击指令方面做得很好，而不是标准的指令清单。

军队并不是唯一一个使用首字母缩略词来促进学习和记

忆的地方。世界各地的学生和老师都使用首字母缩略词来帮助学生通过考试。你可能使用过首字母缩略词来帮助你记住考试用的重要概念。

如果你有一个观点列表，不妨做个实验，看看你是否可以创建一个首字母缩略词来帮助观众记住你的观点。

3. 相关活动

如果你可以创建某种快速游戏或角色扮演的活动，可用以加深观众对你观点的印象，那么请放心大胆地去使用它。

在我的研讨会期间，我使用了大量活动来帮助参与者消化我所讲授的概念。如，我开发了一种游戏，告诉参与者如何强调特定单词，进而改变整个句子的含义。我让他们读出以下句子，用加横线的斜体字强调这个词，然后问他们如何改变句子的含义。

- *我*不知道她很不高兴
- 我*不*知道她很不高兴
- 我不*知道*她很不高兴
- 我不知道*她*很不高兴
- 我不知道她*很*不高兴

这个游戏的重点是什么？重点是，你强调的词语不同，句子的意思也大有不同。

如果你正在举办关于创造力的研讨会或演讲，你可以将观众们分成小组，让他们针对你提出的问题分别找出一个更有创造性的解决方案。

活动是一个很好的锚，因为：

·它让观众动了起来并参与其中。如果你的观众真的动了起来，并参与了某些事（而不只是坐着听你讲），至少可以保证他们确实清醒地参与在了其中！

·它强化了你的观点。活动能让你的观点记忆更深刻。他们可能会忘记你说的话，但他们不会忘记他们做了些什么……当他们记住这些活动时，也就记住了与之相关的观点。

4. 类比、明喻、隐喻

记住或学习某些东西的最佳方法之一，是将你正在学习的这个新主题与你已经熟悉的内容关联到一起。换句话说，最好的学习方法是在熟悉和不熟悉之间建起一座桥梁。

类比、明喻和隐喻是将两个不同的事物相互比较。它们是很好的锚点，因为它们将观众已经熟悉的主题——已知信息——和你分享的新信息之间，建立起联系。

如，约翰·格雷（John Gray）的作品《男人来自火星，女人来自金星（生活篇）》中就运用了一个类比例子。

假如你的身体是一个老式的蒸汽机，你需要不断加煤来保持它的火力。那么当可用的煤不足时，为避免可用的燃料全部快速消耗完，那么加煤的频率就要下降。同理，当你不吃早餐时，在之后的时间里，你身体的新陈代谢自然也就会减慢。

5. 统计数据

统计数据也是让你的观点记忆深刻的一大助力。如，以下统计数据就显著增强了财富不平等的观点：

世界上99%的财富都控制在1%的人口手中。

下面是另一个让观点记忆深刻的统计数据，因为它们提供的证据强有力地证明了观点的正确性。

一袋爆米花所含的热量，相当于你一整天摄入的所有高脂肪食物的热量！

本书第七章介绍了更多如何在演讲中使用统计数据的方法。

6. 学术研究

使用学术研究来支持你的观点，不仅是一种很好的锚点，还能增强你观点的可信度。学术研究，如果运用得当，通常会非常吸引人，因为它们极大地引发了人们的好奇心。丹·平克在他 TED 演讲的下面部分里，谈到了丹·艾瑞里（Dan Ariely）的研究。

丹·艾瑞里，是当代一位著名的行为经济学家，他和他的三位同事，针对一些麻省理工学院的学生做了一番研究。他们为这些麻省理工学院的学生提供了大量的游戏，这些游戏涉及创造力、机械技能和专注力，并且根据学生的表现设置了大、中、小三个级别的奖励。如果你从头到尾一直做得很好，就会得到大的奖励。

结果怎样呢？

涉及机械技能奖金的任务，跟预期的基本一样：奖金越高，学生的表现越好。但是，其中一项只是要求最基本认知技能的任务，却全然超出预期之外——奖励越多，学生的表现反而越差。

对此，关于天性的学术研究尝试着要给出答案。因此，后面紧接着提出的问题"这是怎么回事呢"，极大地激发了观众的好奇心。

如果你在演讲中有机会使用学术研究来构建你观点的锚点，尽可以使用它。首先以故事的形式解释研究，并在揭示答案之前，使用夸张的反问来激发人们的好奇心。

7. 案例研究

案例研究是构建锚点的另一种方法。

如，你准备发表一场名为《通过社交媒体提高品牌认知度》的演讲，你首先可以为观众提供一个案例研究，该案例研究了某公司通过社交媒体提高了其品牌知名度的情况。然后，你将用你的方法剖析这一案例，突出你的主要观点，并就策略是如何生效的，又如何做到更好，提出你的见解。

案例研究是 MBA 课程中一种非常常见的方式。事实上，哈佛商学院的 MBA 课程就是通过案例研究来教学的。

8. 产品演示

如果你正在展示或推销产品，那么产品演示是赢得观众信任，并使你的观点令人记忆深刻的绝佳方式。

已故的史蒂夫·乔布斯是这方面的大师。如，在 Safari 浏览器（苹果浏览器）上市期间，乔布斯想要指出 Safari 浏览器的加载速度比 Internet Explorer（IE 浏览器）快得多。乔布斯并没有简单地说明这一点，而是现场做了一次产品演示。他在两个独立的大屏幕上同时启动了 Safari 和 Internet Explorer，分别输入了同一个网址，同时点击加载两个页面。结果，在 IE 浏览器还在获取数据时，Safari 在几秒钟时间里，已经加载完成打开了页面。

一个给人留下深刻印象的演示，会将你的观点与观众的记忆紧密联系在一起。此外，这也是一个非常明确的证据——没有人可以就此提出异议，因为他们刚刚已经在现场目睹了产品演示的过程。

如果你也要做产品展示或推销，不妨考虑一下将产品演示加入到你的演讲中。

9. 客户评价

如果你正在向潜在客户表达被聘用的期望，那么客户的评价就是构建你的观念锚点并证明自我价值的一种很好的方式。

假设你在一家专门制造计算机芯片的制造商工作，正计划向潜在的计算机制造商进行演示，让他们成为你的签约客户。你会在此次演示中展示哪些内容？你会如何说服他们使用你的产品？

如果你说贵公司生产的芯片比其他公司更便宜，生产速度更高效，那么你可以讲一个故事，一位客户因为他们的上一家芯片供应商破产了，他不得不找到一家新供应商，能在几天内快速生产出他们所需的一批计算机芯片。接着，你就可以展示出此客户对你们的评价，说他们对你们的服务有多满意。有几种方法可以展示这份评价，你可以通过幻灯片（PPT）或讲义来展示，或者直接将这份评价读给观众。

说到客户的评价，需要注意以下几点：

·**视频评价是最好的**。客户亲自现身发言的视频评价是最好的，因为他们是最可信的。观众最信任视频评价，因为书面评价容易被伪造。如果你有视频评价，则可以将其作为幻灯片演示文稿的一部分嵌入其中。

·**使用客户照片**。如果你只能获得客户的书面评价，请尝试附上客户的照片。附有照片的评价，可信度更高一些。

· **给出客户的名字**。给出客户具体的名字和姓氏。匿名的评价往往无足轻重，因为它们的可信度不高——这样的评价很容易被伪造。可能的话，请附上客户的工作单位和职位。

· **使用明确具体的评价**。诸如"你的公司很棒，你们的服务让我非常满意"之类的评价，虽然听起来很高兴，但它们给客户留下的印象太笼统、太模糊，并不能赢得客户足够的信任。模糊的推荐很难给出关于你或你公司的优点和优势的细节信息，这也正是它们价值不足的原因所在。反之，不如请你的客户给出这样具体明确的推荐："贵公司的产品帮我增加了 45％的年收入。该产品易于使用，我只花了一个小时来学习。预计，明年该产品能帮我赚取超过 20 万美元的额外收入。"

10. 引言

最后，你可以使用引言来支撑你的主要观点，并加深观众的印象。

如，在我的一个演讲中，我指出不是消极的人在影响你，而是你自己在变得消极。然后我用引言来支持我的观点。我说：

我意识到不是她让我感到了自卑，而是我自己正在变得自卑，正如埃莉诺·罗斯福（Eleanor Roosevelt）说的那样，"你若不允许，没有任何人能让你感到自卑！"

在我那次演讲的几个月后，我遇到了观众席上的一位女士。她说："你那次演讲的内容我还记得，尤其是你引用的埃莉诺·罗斯福的那句话。"作为证明，她还背诵出了那句引言。

在肯·罗宾逊爵士的 TED 演讲中，他引用了毕加索的一句话来支撑他的主要观点——教育扼杀创造力。

毕加索曾说过："每个孩子都是天生的艺术家，问题是我们在成长的过程中如何保持这份艺术家的天赋。"我很信奉这一点，我们不是在发展创造力，而是在成长中逐步丢失着创造力。更确切地说，我们是在接受教育的过程中丢失了它（创造力）。那么，为什么会这样呢？

引言不仅是从第三方来获取可信度的好方法，它们还可以充当你演讲的锚点，使你的演讲给人留下更深刻的印象。

本章小结

构建演讲正文常用的十种锚点有：

· 奇闻轶事；

· 首字母缩略词；

· 相关活动；

· 类比、明喻或隐喻；

· 统计数据；

· 学术研究；

· 案例研究；

· 产品演示；

· 客户评价；

· 引言。

第六章　给出一个令人信服的结论

新近效应

新近效应：“给出一个要记忆项目的列表，比起中间的事项，我们将更容易记住最后面几项。我们还都有一种列表后面的事项更重要或更有意义的倾向。”——Changing Minds.org

新近效应的存在，让演讲的结尾变得与开始一样重要。人们习惯于记住最后说的事情，所以你也要为你的演讲或演示多花费一些时间，打造一个好的结尾。下面这些技巧，可以帮助你构建一个既引人注目又令人难忘的好结尾。

给出演讲即将结束的信号

研究表明，当演讲者使用"综上所述"这类词语时，人们会变得更加警觉。这是因为"综上所述"一词表示演讲即将结束。观众知道演讲即将结束，后续可能会有一些重要的事，因此他们会更加关注演讲者所说的内容。

你不一定非要使用"综上所述"这一类短语，而是可以用其他任何能表示你即将结束演讲的短语，来吸引观众的注意力。如，你可以使用"让我们结束吧""总结一下"和"在我离开这个舞台前，我想告诉大家"诸如此类的短语，只要可以明确告诉观众你要收尾了，你尽可以随意使用各种结束信号。

总结你的主要观点

用收尾来再次强调你的主要观点。演讲结束语是一个很好的机会，你可以回溯整个演讲中的主要观点，并强化它们。但要注意一点，你的观点总结所用时间，最好控制在两三分钟内。看看丹·平克在他的 TED 演讲中是怎样做他的总结陈词的：

我们的结论是：经济学常识和商业活动所需二者之间是不对等的。第一，20世纪那些奖励性诱因，作为商业活动自然属性的一个组成部分，确实是有效的，但也仅限于当时那种狭窄的环境中。第二，那些附加前提条件的奖励往往会破坏创造力。第三，高绩效的秘诀不是奖励和惩罚，而是那份看不见的内在驱动力——那份为了自己的追求去做事的冲动，一种肩负使命感的冲动。

为更美好的未来提供希望

结语部分不能只是用来总结你的主要观点，还应该为更美好的未来提出希望。如果你提出了一个需要攻克的问题，你需要给观众攻克它的希望。所以，你可以用令人振奋的言语结束你的演讲，让你的观众对未来充满期待。继续之前丹·平克的例子，他在总结了他的主要观点后，最后以下文结束了演讲。

我们都已经认识到了这一点，这正是事情好的一面所在。科学不过是证实了我们的假想而已。所以，要想改善经济学常识和商业活动之间的不匹配，我们需把这种内在驱动力，把内在驱动力的概念带入 21 世纪，如果我们摆脱了这种懒惰的、危险的胡萝卜加大棒的落后思维，我们就可以让我们的业务、我们的公司更上一层楼，我们也就可以解决很多类似蜡烛实验般的问题了，那么，也许……也许，我们是可以改变这个世界的。我的演讲到此结束，谢谢大家。

再看看莱斯利·摩根·斯泰纳的例子，她在结束她关于家庭暴力的 TED 演讲时，同样也给了观众解决问题的希望。

认识到家庭暴力的早期迹象，并及时进行全面干预，降低其发生的可能性，给受害者一个安全的出路，保护好我们的床、餐桌和家人，让家庭真正成为一个安全、祥和的绿洲。谢谢大家。

将你的结论与会议联系在一起

在肯·罗宾逊爵士的演讲结语中，他不仅为更美好的未来提出了希望，还将他的结论与 TED 会议联系到了一起。他是这样说的：

TED 是庆祝人类想象力的一个礼物。我们必须小心谨慎、明智地使用这个礼物，并尽量避免我们之前谈到的一些情况。做到这一点的唯一方法就在于我们丰富的创造能力，还有孩子们的创造力，这是未来的希望。我们的任务就是面向未来，教育好他们。顺便说一下——我们可能看不到这个未来，但他们会。我们的工作就是帮助他们做好这一点。感谢您的聆听。

罗宾逊爵士不仅在他的结语中总结了他的主要论点，还设法将其与 TED 这个舞台联系到了一起。这使他的演讲不仅个性鲜明，同时也极大地吸引了观众的注意力。

在吉尔·泰勒（Jill Taylor）博士的 TED 演讲中，她用上了 TED 的使命宣言（"传播一切值得传播的创意"）结束了她的演讲。她说道：

我们花费越多的时间去运行深藏于我们右脑中的和平"电路"，这个世界就会更多一分和平的可能，我们的星球也就会更多一些安宁。我认为，这确实是一个值得推广的好想法。

如果你能找到将结论与你正参与的事联系到一起的方法，那么你就比大多数发言者先行了一步，也就意味着你已经给观众留下了更深刻的印象。

行动号召

你希望你的观众听了你的演讲后，在行动上有什么不同于之前的举动吗？

那么，你可以在演讲结语中加入明确而有力的行动号召，告诉观众你希望他们做什么。如果你正在向一群高级管理人员提出商业建议，并且希望他们与你做进一步会谈，你可以这样告诉他们：

正如我们所见，这片尚未开发的市场每年带来的价值达4000万美元。已有的回报远远超过成本，而现在正是进入这个市场的最佳时机。在讨论了这个问题之后，我希望能再召开一次会谈，以探讨该如何在此基础上继续前行。

听完这样的演讲后，你认为你的观众会采取怎样的行动呢？

如果你要发出行动号召，请记住以下几点：

· **对结果有一份切合实际的期待**。当你向一群潜在投资者推销你的投资理念时，期望他们立即向你的业务投入百万美元，这肯定是不现实的。更现实的行动号召，是要求再次与他们进行会谈，让你有机会跟他们谈起具体投资问题。或者你可以要求他们先投资 10%，让你的公司可以先行起步，也可以确保他们在正式全面投资于你之前，能够监控项目的进展情况。在任何情况下，都要确保行动号召的切实可行性。

· **一个行动号召足矣**。不要给予观众太多的选择，一个明确而有力的行动号召就足够了，否则只会让他们陷于纠结中。如，在我的研讨会结束时，我并没有给观众列出 20 件要做的事，我只是让他们去订阅我个人网站上的免费时事通讯，这样，我就可以与他们保持联系了。

通常来说，一个演讲只是一系列电子邮件、会议和演示文稿的一个组成部分。如，在客户最终从你那里购买产品之前，你的一次销售演示也就意味着第二次、第三次演示会。但是，不要加大你潜在客户的后续负担，只给他们一项后续行动，带领他们进入下一阶段的进程即可。

在艾米·卡迪（Amy Cuddy）关于肢体语言的 TED 演讲

中，她通过鼓励观众尝试有效的肢体语言来结束她的演讲。她也为观众提供了明确的下一步行动，即"传播这一科学"。

在这里，我想要求大家，都去尝试这种有效的肢体语言，同时也想请求各位把这种科学分享出去，因为它很简单——这可不是我吹嘘噢（笑声）。请把它分享出去，分享给更多的人，因为常使用到它的，正是那些没资源、没技术、没地位、没权势的人，把这个分享给他们，让他们可以在平时使用，给他们所需的身体、隐私和那两分钟时间，这必将大大地改变他们的生活！谢谢大家。

你演讲中清晰的下一步行动号召是什么呢？

展示好处

按你演讲中的建议行动时，观众会得到什么好处呢？

在安迪·普迪科姆（Andy Puddicombe）关于10分钟专注力的TED演讲中，他通过强调观众用10分钟的专注力所获得的好处，作为他演讲的结束语。

你需要做的就是每天花10分钟，回顾熟悉自己的当下，你的生活里就会有更多专注、平静和明确的体验。

所以，结束你的演讲时，不妨总结一下，若观众按照你演讲中所学到的去行动，他们会得到什么好处。

本章小结

你可以通过以下方式结束你的演讲：

· 给出演讲即将结束的信号；

· 总结你的主要观点；

· 与会议本身联系在一起；

· 为更美好的未来提供希望；

· 提供明确的行动号召；

· 展示好处。

无聊的演讲总是不出乎人们预料的。另一方面，杰出的演讲者要想从其他人中脱颖而出，需要通过做出或说出意想不到的事情来吸引观众的注意力。在本部分，你将学习到如何用一些意想不到的事情，而不只是噱头，去吸引观众的注意力。

更具体地说，你将学习到该如何去添加"意外"元素。

· 用令人震惊的统计数据或事实来吸引观众的注意力；

· 为观众提供新鲜的（或非常规的）事物；

· 创造一个"唯"时刻

出人意料原则

第二部分

第七章　用统计数据吸引注意力

使用令人震惊的统计数据是吸引观众注意力的好方法。例如，2010 年，名厨杰米·奥利弗（Jamie Oliver）在他的 TED 演讲中，是运用这样一个惊人的统计数据来吸引观众注意力的。

遗憾的是，就在我们谈话的这 18 分钟时间里，就有四个美国人因他们所吃的食物而致死。

哇，这是一个多么令人震撼的数据！让这个统计数据令人震撼的一个原因，是杰米将这个统计数据限于当下的这个时间段里，而不是说"每年有 11.7 万美国人死于他们所吃的食物"，这让观众对这些数字感触更深。一年是很长的一段时间，杰米将统计数据缩短到与 TED 演讲相同的时间里，突出 TED 演讲期间发生的死亡人数，使情况显得更紧迫。同时，也让观众意识到，就在他们坐在这里时，死亡事件正在发生。

其次，11.7 万人死亡……在一定时间内，统计数据或数字太庞大了，不但很难引起观众的共鸣，反而会使他们对此无动于衷。四个人死亡，这个数字更容易被观众所接受和想象，因为它处于一种可控的情况内，也让观众可以有所期待。

下面，让我们看看其他一些在演讲中使用统计数据的方法。

如果你要写一篇文章，以一种有趣又令人印象深刻的方式告诉读者比尔·盖茨（Bill Gates）的财富到底多么庞大，你会怎么写呢？当然，你可以从财富网站上引用比尔·盖茨的财富有 900 亿美元（2018 年）的数据，不过你也可以向一位华尔街记者学习，将这些统计数据与你的观众联系起来，用一种更有效的方法使这些统计数据变得更有"黏性"。

如果你要发表演讲来说明公司技术创新的高效性，你会怎么说？你可以用彩色图表，说明你公司的总研发支出和投资回报率，但你也可以像英特尔首席执行官保罗·欧德宁（Paul Otellini）那样，使用一个更简单的技巧。

如果你是一个领导者，你的任务是向大家说明这个国家的财政赤字已经膨胀到一个很危险的水平，那么你会说些什么？号召人们停止消费吗？你可以不太有效地夸大各种经济指标，但你也可以像德怀特·D.艾森豪威尔总统（Dwight D.Eisenhower）那样，用一种可见的统计数据，给观众留下深刻记忆。

但是，在我们用各种方法检测你所创建的统计数据的说服力之前，我们首先需要解决以下问题：

可信度与可记忆性

请看以下两个统计数据：

（A）2009年，中国有超过126.5万人因吸烟而死亡。

（B）在中国，每天约有2000人因吸烟而死亡。

统计数据是增加可信度的好方法，它们为你的观点提供了有效证据。在这种情况下，语句（A）和（B）都提高了你的信息可信度，尽管语句（A）因为提供了准确度更高的信息，并给人以更高的可信度，但是，真正能对（A）留下多少印象的人并不多。

另一方面，语句（B）在"可记忆性"方面做得更好。观众更容易记住"因吸烟中国每天有 2000 人死亡"，是因为相比于（A），它的数字更小，还只留下了一个整数。

因此，如果你想要可信度，请提供准确的统计数据（只是不要精准得太过于痴狂！对于大多数情况，一个小数点就足够了）。如果你想要记忆力，请提供较小的数字（如，不要谈论每年的死亡数字，谈论每天 / 小时 / 分钟 / 秒的死亡数字），并将数字四舍五入以便于记忆。

但是，这里还有一个更好的解决方案。你可以使用下面这类可信度和可记忆性兼具的短语：

2009 年，中国有超过 126.5 万人因吸烟而死亡。换句话说，也就是每天约有 2000 人因吸烟而死亡。

这句话既有了（A）的可信度，也有了（B）的可记忆性。

还有另一种兼顾可信度和可记忆性的方法，即使用分数。采取以下两个统计：

（C）英国有 66.7% 的人使用电脑。

（D）每三个英国人中，就有二人使用电脑。

在这个例子中，（C）提供可信度，（D）提供可信度和可记忆性。（D）只是（C）的分数形式——它仍然同样准确，并且更容易记忆，因为小分数比百分比更好记。

使用既可信又难忘的统计数据，会让你的观点更易于被接受、被记忆。下面，让我们看看该如何将你的统计数据与观众联系起来，使其更有"黏性"。

将统计数据与观众联系起来

有效使用统计数据的一种方法，是将其与你的观众联系在一起。让我们回到比尔·盖茨的例子，看看《华尔街日报》的记者是如何将盖茨的财富与普通读者联系起来的（为了让大家更充分领会他使用的技巧，我用我自己的语言转述出来）。

如果你是一个领着平均薪水的普通人，假设一个周末你把你的配偶带到电影院。现在，当你排队时，你发现比尔·盖茨和梅琳达·盖茨也在买同一部电影的电影票。不同之处在于：如果让比尔·盖茨所花费的电影票钱与他的财富百分比，与你的财富百分比等同，那么他的电影票将花费他 1900 万美元！

这个统计数据有效的原因是因为它以你为比较对象：统计数据因与你的比较而形成。此前，你知道 900 亿美元是很多钱，但很难将它与自己联系起来。"将统计数据与观众联系起来"的策略，把情景放入了观众的世界——使得统计数据更具影响力，也更刺激人。

将统计数据与观众关联到一起，将无聊的统计信息转变为强大且印象深刻的数据，这样很容易吸引观众的注意力。

比较和对比

这种技巧类似于前一种技巧，它将统计数据置于观众生活的背景中。然而，虽然最后一个统计数据直接涉及你的观众，但这种技巧类似于一个类比：它将事物与其他更熟悉的环境里的事物进行比较。

假设你是一个对新科技很排斥的人，基本就是个技术白痴，但是，在你儿子的坚持下，你不得不去观看英特尔首席执行官保罗·欧德宁的一场演讲。你以为你肯定不会喜欢这次演讲，但欧德宁的简单比较法，却让你成功地明白了新技术发展的日新月异。一起来看看欧德宁是如何使用对比技巧，将科技创新与人们更容易理解的事物——汽车联系起来的。

今天，我们拥有业界第一批 32 纳米加工技术。相比我们最初使用的 4004 处理器，32 纳米微处理器的速度快了5000 倍，其晶体管的造价却只是前者的十万分之一。对汽车行业内的朋友们来说，如果他们的产品也产生同样的创新，那么，今天的汽车时速将达到 47 万英里（75.6 万多公里）；行驶 10 万英里（16 万多公里），只需耗油 1 加仑（3.785 升），花费 3 美分。

虽然欧德宁确实使用了技术术语和统计数据（"微处理器快了 5000 倍"），但他将纳米微处理器的技术创新与汽车的技术创新进行了比较。在这种情况下，即使你对微处理器知之甚少，仍然能够理解统计数据的要点，因为它被放到了你可以理解的环境中。此外，将微处理器的发展与汽车行业的发展进行比较后，欧德宁给出一个令人兴奋又震惊的统计数据（"如果他们的产品产生同样的创新，今天的汽车时速将达到 75 万公里"）也就不奇怪了。

将统计数据可视化

一个统计数据能变得可视化吗？

1958 年，艾森豪威尔总统想向公众传达 10 亿美元赤字的真实幅度，就像《华尔街日报》记者巧妙地将比尔·盖茨的 900 亿美元与观众联系起来一样，艾森豪威尔也想到了一种聪明的方式，把统计数据变得可视化来给人以震撼。他说：

10 亿美元的赤字到底有多少呢？不妨想象一下，如果把 10 亿美元全部换成一美元的钞票，再将它们一张张排好，那么它的长度，将比往返一趟月球的距离还要长！

10 亿美元钞票铺就的长度，比往返月球的距离还要长，这样的视觉效果无疑是惊人的，它给人留下的印象，远比直接用 10 亿美元赤字的统计数据更震撼、更难忘。

本章小结

　　要用统计数据来吸引观众的注意力，使用以下技巧其效果更明显：

　　　·将统计数据与观众联系起来；

　　　·比较和对比；

　　　·将统计数据可视化。

□□

第八章　向观众谈论新事物

最无聊、最烦人的演讲，无疑是内容完全可预测的那种了。如果你的观众已经确切地知道你要说什么，那他们为什么要专心听你演讲呢？

在本书的前面，我们学习了两种避免内容可预测的方法。首先是避免可预测的"感谢"之类的开场。其次，是用惊人的统计数据，确保你的观众不会失去注意力。这里还有其他几种方法可以确保你的演讲不会被完全预测：

谈论新事物

在普拉纳夫·米斯特里（Pranav Mistry）的 TED 演讲中，他谈到第六感技术那惊人的潜力时，引发了全场观众的起立鼓掌。他向观众展示了第六感设备如何让人们在任一物体表

面浏览互联网，并在他们的手掌上创建电话键盘，在任一物体表面绘图，让人们由此窥见未来。这种设备是科幻电影的素材，并将彻底变革我们与数字世界互动的方式。在这样一个令人振奋的新话题面前，观众们很快沉浸于普拉纳夫的演讲中。

你有什么令人振奋的新话题吗？若是没有，也不用担心！因为其他很多演讲者都与你一样。幸运的是，我这里还有一些其他方法，让你的演讲内容可以超乎人们的预测。

用新视角看待老话题

如果你要讨论一个已经探讨过很多次的话题，就要尽量从新的角度来看待或讨论它。如，肢体语言是一个很常见的话题，如何解读他人的肢体语言，这样的主题已经非常多了。在艾米·卡迪的 TED 演讲中，她就从一个全新的角度解读了肢体语言——她的主题是肢体语言如何影响人们的感情：

因此，我们一想到非语言（即肢体语言），就会想到我们如何评判他人，他人又是如何评判我们的，结果又是怎么

样的。但是，我们却往往会忘记那些受到我们非语言影响的另一些观众——就是我们自己。

反传统的观念

互联网上关于目标的力量的演讲有很多。传统观念认为，设定目标能让人取得更大的成功。但是，如果事实并不是那样，而是像一些专家认为的那样，最好的目标是无目标呢？

反传统的观念是一种让观众沉浸在你演讲中的好方法。因为采取了意想不到的立场，你的话题反而会引起观众的兴趣，并好奇你为什么会这样说。当然，这里有个前提，就是你认为这个传统观念是错误的。

来看另一个例子。传统观念认为，选择越多，带来的快乐越多。你可吃的选择越多，做出决定时你就越满意。你投资的选择越多，你就会越快乐。是这样吗？

在巴里·施瓦茨（Barry Schwartz）的 TED 演讲中，他却提出，选择太多会让消费者在做出选择时感到困惑，选择之后也容易心生不满，他还给出了相关研究和实际案例作为支持。这次 TED 演讲非常精彩，因为它不仅改变了观众对该主题的看法，也给了他们一种新的角度去看待这个老话题。

现在，你可能要问了："阿卡什，我找不到新的话题又该怎么办呢？我发现不了革命性的东西又能怎么办？我要探讨的很多问题其他发言者已经讨论过了，又该怎么办？我总觉得传统观念是对的，无法反对传统观念呢！"没关系，不要担心，我还有另外两种方法可以让你的演讲超乎预测。

从学术研究中挖掘故事

学术研究中隐藏着许多伟大的故事。然而，这些故事大多数只有学术界的人知道。如果你愿意浏览涉猎学术研究的大部分内容，你可以发掘出可以在演讲和演示中使用的精彩故事和统计数据，来为你的观众提供新的东西。

畅销书作家马尔科姆·格拉德威尔（Malcolm Gladwell）是一位为学术研究注入活力的专家。我最喜欢格拉德威尔的两本书——《决断两秒间》和《引爆点》，是从学术研究中带出来生活的故事。

在他的 TED 演讲《选择、幸福和意大利面酱》中，格拉德威尔让霍华德·莫斯科维茨（Howard Moskowitz）博士的故事焕发了新生。这个故事在心理物理学领域非常有名，但并不为大众熟知。

格拉德威尔在 TED 演讲的现场，与观众分享了这个故事。以下是格拉德威尔演讲内容的简短摘录：

　　在这里，我想要给大家讲一个人的故事，在过去 20 年里，他为美国人的幸福所付出的努力比任何人都多。他是我崇敬的一位伟人，他的名字是霍华德·莫斯科维茨，一个以赋予意面酱新生而闻名的人。

　　霍华德大概有这么高（手势比划中），圆圆的脸，戴着大大的眼镜，头发稀疏灰白，但却活力十足。他养着一只鹦鹉，他喜欢歌剧，还是一位中世纪历史的狂热爱好者。他的职业，是心理物理学家。老实说，我根本不知道心理物理学是干什么的，虽然我早年曾与一个心理物理学的在读女博士交往过两年。想必你们也能想到这段交往的大概情况了（笑声）。

　　我所知道的就是，心理物理学是用来测量事物的。霍华德很热衷于测量事物，他是哈佛博士毕业，在纽约州怀特普莱恩斯市开了一家小型顾问公司。他最早的客户之一是——说起来是很多年前的事了，那大概是七十年代初——他最早的客户之一是百事公司。百事公司找到霍华德说："你看，有一样新产品叫作阿斯巴甜，我们想要把它加入健怡百事可乐中。我们想请你确定一下，每罐健怡百事可乐中，放多少阿斯巴甜才能做出一种完美的饮料。"这个问题听上去非常容易回答，是不是？霍华德当时也是这么想的，因为百事公司告诉他："我们测试后的范围是 8% ~ 12% 之间。8% 以下甜度不够，12% 以上甜度太过了。我们想知道，8% ~ 12% 之间最完美的甜度是什么？"如果我现在把这个问题交给你，你可能会说，这还不简单？我们只要做出一系列不同甜度的百事，8%、8.1%、8.2%、8.3%……直至 12%，然后再请来几千人品尝，将结果画成一个曲线图，最后取最多人喜欢的甜度，这不就行了？简直太简单了。

霍华德做了实验，得到数据后把它绘制成曲线，但就在这时，他却发现这并不是一个很好的钟形曲线（正态分布曲线）。事实上，得到的数据没有任何意义，反而是一团糟……

采访有趣的人

你不一定非要通过学术研究来寻找好故事，尽管这是一条寻找不为大众所知的有趣故事的好渠道。你也可以转述从你的朋友、家人及你采访过的人等那里，得来的有趣的"第三人"故事。如，在肯·罗宾逊爵士的 TED 演讲中，他分

享了吉莉安（Gillian）——他为自己的书而采访的一位舞蹈家——的故事。

　　有一次，我和吉莉安一起吃午饭，我问她："吉莉安，你是怎样成为舞蹈家的？"她回答说：说起来很有意思，她上学时，是一个在学习上全无希望的差生。那是20世纪30年代，她的老师给她父母写信说："我们认为吉莉安患有学习障碍症。"她无法集中注意力，总是坐不住。用现在的话讲，那意思就是她有多动症。你们也这么想吧？但那时是20世纪30年代，"多动症"这个词还没出现。可惜时机不对（笑声），当时人们还不知道"多动症"这回事儿。

　　于是，她妈妈带吉莉安去看病。医生让她坐在椅子上，那20多分钟时间里，她一直把手压在腿下。她妈妈则一直在向医生讲述吉莉安在学校的表现：她在学校多不安生，总是晚交作业，等等，其实她不过是个才8岁的孩子——最后医生坐到吉莉安的旁边对她说："吉莉安，你妈妈跟我说了你很多事，现在我想和你妈妈单独谈谈。你在这儿等一下，我们很快谈完。"医生和她妈妈出去了。医生在出去时，随手把办公桌上的收音机打开了。他们走出房间后，医生对她妈妈说:"我们在这儿观察一下她吧。"吉莉安说,他们一离开房间,她就站了起来,随着音乐跳起舞来。她妈妈和医生在门外看了几分钟,医生对她妈妈说:"琳妮太太,吉莉安没病,她是个舞蹈天才。让她去上舞蹈学校吧。"

话说到这里,我问吉莉安:"后来怎么样了?"她回答道:"我妈妈送我去了舞蹈学校。我简直无法形容那里有多棒。那里有很多像我这样的人——坐不住的人。我们必须在动态中才能思考。"他们跳芭蕾舞,跳踢踏舞,跳爵士舞,跳现代舞。后来她考入皇家芭蕾舞学校,成为芭蕾舞主演,事业发展得非常成功。从皇家芭蕾舞学校毕业后,她成立了自己的公司——吉莉安·琳妮舞蹈公司,遇到了安德鲁·劳埃德·韦伯(音乐剧《猫》的编曲者)。她曾经演出过不少有名的音乐剧,给数以万计的观众带来了艺术享受,也获得了亿万财富。但是,她曾经也被认为患有多动症,被人要求"安静一会儿"。

讲自己的故事

最后,讲自己的故事是让旧话题焕发新生的最佳方式之一。分享你自己的故事,可以给老旧、过时的话题一个新的视角。如，在莱斯利·摩根·斯泰纳关于家庭暴力的 TED 演讲中，她用自己的故事，让一个沉闷的话题因充沛的感情而引人关注。

22 岁时，从哈佛大学毕业后，我搬到了纽约，开始了自己的第一份工作，在《十七岁》杂志社做编辑和撰稿人。我第一次有了自己的房子（公寓），有了第一张信用卡。此外，我还有一个巨大的秘密。这个秘密就是，我曾经被一个我认定为灵魂伴侣的男人，用一把装满空心弹头的枪，很多很多次地指在我的头上。那个我曾经最爱的人，用枪指在我的头上，威胁要杀掉我，这样的事我已经记不得发生过多少次了。

本章小结

以下方式，可以让你的演讲内容不被提前预知，不令人厌烦：

· 谈论新事物；

· 用新视角看待老话题；

· 反传统的观念；

· 从学术研究中挖掘故事；

· 采访有趣的人；

· 讲自己的故事。

第九章 创造一个"哇"时刻

　　如果你想要被记住，并且希望观众听完你的现场演讲几个月后，还会谈论起你的演讲，那么你需要制造一个"哇"时刻。如果你想避免自己的演讲事先被人预知，令人厌烦，它可以帮助你制造一个在演讲中让观众惊掉下巴的时刻。

　　在普拉纳夫·米斯特里的 TED 演讲中，他的"哇"时刻是他突破性的第六感技术展示——如何将虚拟世界与现实世界融为一体。

　　但是，你不一定非要演示突破性的技术才能让观众惊叹不已。

　　作为商业展示中"哇"时刻的一个完美案例，让我们一起来看看史蒂夫·乔布斯在 2008 年度的苹果年会上的演讲。

　　在展示过程中，乔布斯说苹果电脑"非常薄，甚至可以放入日常办公所用的信封里"。说着，乔布斯从一个马尼拉纸质的办公信封中取出一个最新款的苹果笔记本，向大家展示它到底有多薄。顿时，观众们掌声如潮，哄堂大笑。

那一时刻成为这个活动谈论最多的时刻——个人博客上到处是关于这一时刻的文章，记者们纷纷将笔头对准了这一刻，粉丝们也赞不绝口。这也是该会议最常见的照片。都说一张图片胜过千言万语，这个戏剧性的展示则胜过成千上万张照片。

让我们看一下"哇"时刻的另一个例子，来自吉尔·泰勒博士的一次 TED 演讲，为了让他的观点更可信，他带到现场一个真实的人脑。

如果你曾经观察过人的大脑，你会知道人大脑的两个半球是彼此分开的。我给大家带来了一个真实的人脑，这就是真实的人脑……

当观众意识到这是一个真实的人脑时，你可以听到他们的喘息声！泰勒博士的"哇"时刻让整个博客圈为之躁动不已，我也因此在偶然间发现了这个演讲。

你能做些什么让你的观众"哇"一下呢？也许你可以做一个样品，或者准备一件道具让你的想法更具体？

你的"哇"因素是什么？

本章小结

以下方式，可以避免让你的演讲内容被人提前预知，或是令人厌烦：

· 创造一个"哇"时刻；

· 展示一件非凡的产品或用道具让你的想法更具体；

· 做一些让观众兴奋的事。

最好的演讲都是具体的，而不是模糊的。他们将抽象的概念转化为具体的想法，让观众脑海中有明确细节，并可以自己绘制出清晰的图像。

在本部分，你将学习如何使你的想法具体化。

· 使用明确、具体的语言；

· 通过提供具体细节，使你的角色焕发生机；

· 用 VAKOG 公式让观众将你的故事转换为内心的影像；

· 使用类比、隐喻和案例，将抽象的概念形象化。

第三部分

具体化原则

第十章 具体化

从前有一个放羊的男孩，每天无聊地坐在山坡上照看着村里的羊。为了给自己找点好玩的事，一天他深吸一口气后大声喊道："狼来了！狼来了！狼在追羊呀！"

村民们赶紧跑上山去帮助男孩驱赶狼。但当他们赶到山顶时，却根本没有看到狼。看到村民们生气的脸，放羊的男孩笑了起来。

村民说："牧童，没有狼，不要瞎喊'狼来了'。"一边发着牢骚下山去了。

后来，男孩再次喊起来，"狼来了！狼来了！狼在追羊呀！"看到村民们再次跑上山帮他赶狼，男孩因自己的恶作剧再一次成功而兴奋。

当村民们再次发现并没有狼时，他们严厉地说："狼真来了时，你再喊吧！没有狼的时候，不要再瞎喊'狼来了'！"

但那个男孩只是咧嘴一笑，看着村民们再次发着牢骚下山去了。

后来，真的有一只狼在他的羊群周围徘徊。他惊慌失措地跳起来，使劲大声地喊道："狼来了！狼来了！"

但村民们以为他又是在耍弄人，所以这次他们都没有去。

日落时分，男孩没有像往常一样带着羊回村，村民们很奇怪，便上山去找那个男孩，却发现男孩正在哭。

"这里真的有一只狼！羊群被冲散了！我大喊'狼来了'，你们为什么没来？"

在回村庄的路上，一个老人安慰着这个男孩。

"明天早上，我们会帮你去寻找丢失的羊，"他搂着男孩说道，"一个总说谎话的人是很难让人相信的……哪怕他在说实话时！"

这个《狼来了》的故事，出自伊索的笔下。《伊索寓言》是受全世界各地人们喜欢的一本寓言故事，你可能也听过里面的其他故事，如《乌龟和兔子》《狐狸和葡萄》及《下金蛋的鹅》。这些寓言写于2500多年前，却一直流传至今。

是什么让这些寓言故事如此吸引人呢？

我们又可以从中学习到些什么，让我们的演讲也变得如此吸引人呢？

《伊索寓言》吸引人的一个原因是它们很具体——它们所传达的思想、想法在我们的脑海中形成那么鲜活的形象。如，你完全可以从脑海中想象到这个男孩，你甚至可以听到他大喊大叫的声音，感受到他愚弄了村民时的那份"快乐"。正是那些丰富的感官信息，那些具体的细节，让这个故事在你的脑海中绘制出了一幅幅栩栩如生的画面，也让这个故事那么吸引人。

由此，让我们的演讲更具体的第一个技巧就有了：提供具体细节。用明确的细节性语言在观众的脑海中描绘出生动的画面。明确的细节有助于记忆。抽象的概念容易被遗忘，而提供了明确细节的具体想法更容易被人们记住。所以，记住这一点，在你的演讲中，一定要有明确的细节。如，不要说"几年前……"而要说"三年前……"或"2010年……"。

在吉尔·博尔特·泰勒博士的TED演讲中，她通过以下方式使用了明确性原则：

但是，1996 年 12 月 10 日的早上，我醒来时，却发现自己出现了脑神经紊乱。

你注意到了吗？上文的说法是否比"但是，几年前的一个早晨，我醒来时发现自己出现了脑神经紊乱"这一说法有力多了？

同理，不要说"我住在一个很棒的酒店"，而要说"我住在棕榈滩丽思卡尔顿酒店的 201 号房间"。你注意到了具体的细节是如何让你的描述变得生动吗？你是否注意到跟"一个美妙的酒店"相比，"棕榈滩丽思卡尔顿酒店"所表达出的一种完全不同的氛围？此外，"棕榈滩丽思卡尔顿酒店"这一描述所绘制的具体和生动的画面，不仅丰富了人们的想象力，也让人记忆更加深刻。

记住，给出更多具体的细节描述，让观众多一些想象空间，才会让你的演讲更令人难忘。

本章小结

避免内容可预知和让人厌烦的技巧：

· 抽象的概念容易被遗忘；

· 吸引人的秘密在于具体性；

· 描述要具体而鲜活。

□□

第十一章　将你的角色带入生活

　　精彩的演讲不仅仅在于观众所听到的，还在于观众对它们的再次解读。管理类演讲培训师帕特里夏·弗里普（Patricia Fripp）说："你演讲时，相比于经过观众二次解读的内容，那些未经观众二次解读的内容，人们能记住的要更少。"所以，想让你的观众对你的演讲记忆更深刻，给他们二次解读的体验是很重要的。

　　在马尔科姆·格拉德威尔的 TED 演讲中，因为他提供了许多霍华德的具体细节描写，赋予了这个人物鲜活的性格特征。

　　霍华德大概有这么高（手势比划中），六十来岁，圆圆的脸上架着一副大大的眼镜，虽然头发已经灰白稀疏，但人却仍精力充沛，活力十足。他养着一只鹦鹉，还喜欢歌剧，也是一个中世纪历史的狂热爱好者，而正职则是心理物理学。

格拉德威尔的故事之所以讲得这样好，就在于他很懂得如何为他的角色注入生命。他给观众提供了足够多的感官信息，让他们在自己的头脑中清晰地描绘出这一人物的具体形象。

格拉德威尔身上值得学习的另一点是，他遵循了"展示而不只是讲述"这一原则。他介绍说，"霍华德养着一只鹦鹉，他喜欢歌剧，还是中世纪历史的狂热爱好者"。这些具体描绘了霍华德个人爱好、小怪癖的信息，更容易让人对他的个性有所了解。

同理，如果你要介绍一位酒鬼，那你不应该只是简单地说一句"约翰酗酒"，你可以考虑这样说："每天下班后，一回到家，约翰做的第一件事就是打开一瓶啤酒，一个人坐在桌前，一瓶又一瓶地灌着啤酒，直到午夜时分，几打啤酒下肚，烂醉如泥地在桌边睡去。"

在演讲中，要多一些描绘，不要只是简单地告知，尽量提供更多关于角色的具体、可感的细节信息，让观众在脑海中为他们构建一个鲜活的形象。

本章小结

· 多提供一些角色的外表细节信息，让角色鲜活起来；

· 多提供一些可传达的感官信息，让观众可以自行在脑海中构建相关的画面形象；

· 多一些描绘，而不是简单的叙述与告知。

第十二章　把你的故事变成心理电影

迈克·罗伊（Mike Rowe）是探索频道《干尽苦差事》（Dirty Jobs）系列节目的主持人。在《从事苦差事的所得》的演讲中，罗伊谈到了阉割绵羊的工作。一起来看看他这部分的演讲：

也就两秒的时间，艾伯特把刀插入羊屁股旁边的软骨和尾巴间，手起刀落间，尾巴已经掉进了我拿着的桶里，一秒钟后，他用满是老茧的大拇指和食指紧紧抓住羊的阴囊，拉到了自己的眼前，就像这样，刀刃放在阴囊的尖端处，迈克，你以为你已经知道了事情接下来会怎样，错——事情完全超出你的想象，他割下了那尖端，扔向肩后，接着抓住阴囊向上推去，然后他低下头，我的视线被挡住了，只听到一阵啜吸声，还有好似一张巨大的胶带从黏糊糊的墙上撕下来的声音……

你是否觉得文中的这些描述让你难以忍受？

你是否厌恶地皱起了眉头，就像我听到这部分演讲时所表现的那样？

这个场景是否像电影画面一样反复上映于你脑海中？

这个场景为什么对你的影响如此大呢？

这一场景之所以会对你产生如此大的影响，是因为它包含了大量的感官体验信息，在你的脑海中形成了深刻的印象。因为它包含了那么多鲜活生动的细节，让你的脑海中不禁反复上映着那一场景。

让故事转化为观众脑海里的生动形象，其秘诀在于要确保你的场景富含感官体验。你需要注意涵盖四种感官体验：视觉、听觉、知觉和嗅觉（VAKOG）。

让我们来看看罗伊演讲中的VAKOG：

视觉（Vision）——你在故事中看到了什么？你可以看到那把刀，你可以看到那个男人用他"满是老茧的大拇指和食指紧紧抓住羊的阴囊"。

听觉（Audio）——你又听到了什么？你可以听到闷闷

的啜吸声，"还有好似一张巨大的胶带从黏糊糊的墙上撕下来的声音"。

知觉（Kinesthetic）——你又感受到了什么？你可能会感受到艾伯特紧紧抓住阴囊的动作，甚至还感受到了绵羊的痛苦（虽然场景中并没有提及这一点）。

嗅觉（Olfactory）——你又闻到了什么？在这个特殊的场景中，并没有写到气味。但是，嗅觉同样也是让观众融入场景的重要感官体验。

味觉（Gustatory）——你又尝到了什么？再说一遍，虽然文中并没有关于味觉的具体描述，但文中的描述足以给你的嘴里留下不好的味道！

如果你想要观众将你的故事转化为他们脑海里的生动形象，请确保你的故事富含VAKOG五种感官体验。即便你不能如上文的例子一样，详细涉及所有的五种感官体验，但建议你至少包含VAKOG五者中的三种，以让观众全身心地投入到你的故事中。

此外，如上文的例子一样，场景描述不需要很长。你是在讲故事，而不是在写小说！事实上，你的场景描述越短，故事传播的速度就越快，影响力就越大。

本章小结

使用 VAKOG 五种感官将场景变成心理电影：

- 视觉——你看到了什么？

- 听觉——你听到了什么？

- 知觉——你有什么感受？

- 嗅觉——你闻到了什么？

- 味觉——你尝到了什么？

- 给出尽可能多的场景描述类型；

- 场景描述要简短。

第十三章　使用类比、隐喻和明喻

在安迪·普迪科姆的 TED 演讲中，这位佛教徒将游戏与正念练习类比。他一边从容地玩耍着三个橙色球，一边说道：

打个比方，就比如现在（他双手玩起了丢球游戏），如果我太过于将注意力集中到球上，那么我就一点不能放松，并同时与你们交谈。同理，如果我以过于轻松的状态跟你们说话，那么我就无法注意到球，球就不可避免地会掉在地上。而在生活中，在冥想中，若注意力变得过于集中，生活也就开始有点像这样了（从容玩球的状态变得气喘吁吁，甚至顾此失彼）……

类比在两个概念或想法之间架起了一座桥梁。类比通过指出共有的特征来说明两件事情是如何相似的。在安迪·普迪科姆的类比中，他把思考与游戏联系到了一起。

类比是让你的想法具体化的好方法。它可以将一个人们不了解的想法或话题通过跟一个人们熟悉的想法或话题做比较，来帮助人们去理解未知事物。

隐喻、明喻和类比是相似的。隐喻是用一件事来表示另一件事，并在两者之间进行比较的一种比喻。来看看莎士比亚是怎样使用隐喻的：

这个世界就是一个舞台。

类比是比较两件事的特征，并在此基础上形成了一个逻辑论证；而隐喻是直接把一件事说成另一件事。看看畅销书作者韦恩·戴尔（Wayne Dyer）的隐喻用法：

身体是停放灵魂的车库。

明喻，则是通过使用"如""比如""像"等连词，将两个不同事物建立起联系的一种比喻。

在马丁·路德·金的《我有一个梦想》的演讲中，他使用了以下明喻：

直到正义如洪水一样滚滚而来，形成强大的正义洪流……

在安迪·普迪科姆的 TED 演讲中，他也用到了明喻，让他的演讲更加具体。他说：

你们知道的，大脑就像一台洗衣机一样嘤嘤地、反复不停地运转着，其中充斥着各种困难和令人困惑的情感，让我们不知道该如何去处理应对，而一个可悲的事实是，我们的心思太分散了，甚至无法去感受"我们所生活的这个世界"。

他使用的第二个明喻，是将冥想比喻成阿司匹林。

我认为它对思维来说，就像是一片阿司匹林，当你有了压力，你就冥想一会儿。

你并不需要记住类比、明喻和隐喻之间的差异，只要知道比喻将两种不同的东西联系了起来，是一种强大的公共演讲方法，就可以有效地使用它们。

想要属于你自己的明喻、隐喻和类比？那不妨问问自己："这个想法可以与什么相比呢？它的主要特征是什么？它与其他概念有什么相似之处呢？"

本章小结

· 使用类比、明喻和隐喻，会让你的演讲更具体、更令人难忘。

· 问问自己，"这个想法可以与什么相比？"

· 多尝试几种类比和隐喻，找到其中跟你的演讲最匹配的那个。

在本部分中，你将学
习到让你的演讲内容更具
可信度的两种方式。

· 在自我介绍时建立
你的可信度；
· 增加你演讲内容的
可信度。

可信性原则

第四部分

第十四章　用对你的介绍建立可信度

我们都知道"第一印象很重要"，但你可能并没有意识到，第一印象重要到超过一切！我们给别人的第一印象是至关重要的，因为我们之后所做的一切，都会通过他们对我们的第一印象进行过滤。

换句话说，如果有人最初认为你是自私的，那么你之后所做的其他所有事（如，你付钱请他们吃饭）将被解释为自私（"他请我吃饭，肯定是有事要我帮忙"）。

1950 年，哈罗德·凯利（Harold Kelley）的一项研究，也许是第一印象有多重要的最好证明。在这项研究中，学生们被告知有一位客座讲师将要来学校。对这位讲师的描述，一些学生得到的信息为 A，其他学生得到的信息则为 B：

A. 一个冷漠、勤奋、批判、务实、坚定的人

B. 一个热情、勤奋、批判、务实、坚定的人

从列表中可以看出，列表中的所有词语——除第一个词语外，都是相同的。这会怎样影响学生们对这位讲师的看法呢？

后来发现，看到描述 A 的学生对讲师的看法，比看到描述 B 的学生更为严格——尽管除第一个外的所有词语都是相同的。更令人惊讶的是，相比那些被告知客座讲师"热情"的人，那些被告知他"冷漠"的人，对他的评价更低。

但这与公共演讲又有什么关系呢？

哪怕是演讲未开始之前，一个糟糕的自我介绍也会给你的演讲带来灾难。但是，一个精彩的个人介绍，可以提高你的可信度，引燃观众对你演讲的兴趣。

精彩的自我介绍对演讲的成功至关重要，所以你要确保你的介绍人给出一份能助你成功的个人介绍。我建议你自己写一份自我介绍，交给介绍你的人。做法很简单，只需向他们发送一封电子邮件，说："为了让你的工作更轻松，我准备了一份我的自我介绍，你可能会用得上的。详见附件。"

如果由于某种原因，你无法把个人的书面介绍提供给你的介绍人时，我建议你在活动开始前与他（她）聊一聊，以

确保你对他（她）的介绍无异议。

在编写自己的个人介绍（或介绍其他人）时，建议你遵循以下四个原则：

分享相关证书

学术学位、获奖和上媒体是权威的象征，这些对发言者来说，是代表他们可信度的徽章。一个拥有博士学位、上过CNN（美国有线电视新闻网）报道、为《财富》（Fortune）杂志撰过稿，并获得过诺贝尔奖的演讲者，无疑是具有极高的可信度的。我们可能会想："这位发言人拥有博士学位，肯定知识很渊博。更何况，他还被CNN所认可，这样一个人值得我的信任。"

编写个人介绍时，要考虑到以下问题：在这个主题上，你有什么资格证书吗？你有相关学位吗？你出版过相关的书或论文吗？你在该领域获过什么奖吗？你为哪些知名出版物撰过稿吗？你上过什么电视或电台节目吗？

一个重要且显而易见的观点是，你应该只分享你的相关成就。是的，你在学校里是获得过最快的游泳运动员奖项，但如果你的演讲是关于如何赚得百万财富以后退休，显然你的个人介绍中就不需要这项游泳的成就（除非你的游泳奖励在某种程度上与成为百万富翁有关）。

你可能会想，"我当然知道只应介绍我的相关成就！"但你不会想到到底有多少人违反了这个明显的指导方针！有时发言者太过在意他们过去赢得的奖项，总觉得必须将它们纳入他们的个人介绍中（即使奖项与当下的主题无关）。千万不要犯同样的错误！

分享你成功之前的挣扎

作为一名演讲者，拥有博士学位、上过 CNN，并不是你获取可信度的唯一渠道。事实上，一些最好的励志演讲者并没有什么值得炫耀的学位。如，著名的励志演说家莱斯·布朗（Les Brown）和安东尼（托尼）·罗宾斯（Anthony /Tony Robbins）在他们的公共演讲中都曾说过，他们受到的最高正规教育只是高中而已。那么，这些演讲者又是如何来获得观众的信任呢？

答案在于这些演讲者在分享他们的成功时，也分享了他们此前的挣扎。针对莱斯·布朗的研讨会上，对他的介绍通常从他人生的挣扎开始，然后再分享他的成功故事。我们一起来看看关于莱斯·布朗的典型介绍：

　　莱斯·布朗是一位颇受欢迎的励志演说家、作家和培训师，他帮助人们拥有更广阔的人生视野。莱斯·布朗本身就是人类拥有无限潜力的一个最好证明。莱斯出生于佛罗里达州迈阿密市低收入区自由城的一栋废弃建筑中，出生六周时被 38 岁的单身女性玛米·布朗（Mamie Brown）收养，她的教育和经济来源都很有限。

　　五年级时，莱斯·布朗被错误地宣布为"教育上的弱智"，然后安排回四年级，最终八年级肄业。多年来，这一标签和污名严重损害着他的自尊心。但玛米·布朗女士坚信她的儿子有能力实现自己设定的目标，从而改变自己的人生。

　　莱斯·布朗一直坚持不懈地去寻找帮助玛米·布朗克服贫困的方法，他"为了成功用尽一切办法"的人生观，使他成为人类潜能学和成功学方面的杰出权威。尽管没有受过高中以上的正规教育或培训，但莱斯·布朗凭着自己的学习热情，以及实现伟大目标的渴望，最终取得了成功。

　　通过在介绍中分享你的挣扎，让你的观众知道你跟他们一样——你经历了他们可能正在经历的同样的挣扎。这给观众一种感觉："他能做到，我也能做到！"以此在观众心中创造同理心，并与他们建立联系。

接下来，当你分享你的成功故事时，你会因为克服了困难而赢得观众的尊重。同时，因为你成功地将困难转化为了成功，而赢得他们的信任。用安东尼·罗宾斯的话来说就是，"你可能没有博士学位，但你取得了博士的成绩！"

分享你的成功时，尽可能多地分享一些细节吧。如果你正在探讨减肥的问题，且减肥成功，那么你要给出你具体减轻了多少体重；如果你从负翁变成了百万富翁，那么就要给出你到底曾担负了多少债务，现在又拥有几百万财富。人们总是习惯于将可信度与具体细节联系在一起，因此一定要注意分享信息的具体细节！

使用老客户的赞誉

演讲者获取信誉的第三种方法是在你的个人介绍中使用老客户的评价。如，假设梅利莎是一名咨询顾问，正在就最佳咨询经验发表演讲。她的个人介绍部分，可以包含她与微软合作中获得的赞誉：

作为顾问，梅利莎曾与世界 500 强企业中的 400 家有过合作。比尔·盖茨说过："梅利莎是微软聘请过的最好的独立顾问之一。预计今年她的营销策略将为我们增加 2 亿美元的利润。"在本次演讲中，梅利莎将与您分享她如何成为一名广受欢迎的高薪顾问的五个秘诀……

回答 WIIFM（它对我有什么用）的问题

自我介绍中最重要的部分之一，就是回答观众的"它对我有什么用（What's In It For Me）"这一问题。

除了建立你作为演讲者的信誉之外，你的自我介绍还必须点燃观众对你演讲的热情，让他们对接下来的演讲产生兴趣。

因此，在确定了演讲者的信誉之后，在你的自我介绍中，你还需要让观众明确他们从你的演讲中可能获得的好处或是有价值的东西。继续前面梅利莎的例子，接下来的部分应该这样说：

在此次演讲中，梅利莎将与您分享她成为一名广受欢迎的高薪顾问的五个秘诀。在本次演讲结束时，您将了解到她与微软签订六位数薪酬合同的确切流程。你还将带走她每每让大客户们主动上门求教时，所使用的确切的营销蓝图。您还将学习到，每次咨询任务时，梅利莎还能额外获得 20000 美元收入的特殊技能。所以，如果你也想成为一名广受欢迎的高薪顾问，请欢迎梅利莎……

本章小结

向介绍人提供你的书面介绍，确保对你的介绍遵循以下准则：

· 分享相关证书，确立自己的专家地位；

· 分享你成功之前的挣扎；

· 使用老客户的赞誉；

· 回答观众的 WIIFM（它对我有什么用）问题。

第十五章　为你的主题思想增加可信度

如果你想用一些引人入胜的故事来吸引你的观众，那么下面这个技巧对你会是非常有用的。这是一种非常有影响力的心理技巧，即使你努力保持自己的客观，它也会有意无意地对你的判断带去影响。要理解这种心理技巧，我们需要前往密歇根大学。

1986 年，密歇根大学的两位研究人员乔纳森·谢德勒（Jonathan Shedler）和梅尔文·马尼斯（Melvin Manis）正在进行一场实验。想象一下，你也参与到了这个实验中，并被赋予了陪审员的角色，一起来决定约翰逊夫人是否有能力继续照顾她 7 岁的儿子。你有一份参考，其中有 8 条论据支持约翰逊夫人继续照顾她的儿子，还有 8 条持反对立场的论据。你需要分析这些论点，然后按 1–10 的等级（10 最高），给出你认为约翰逊夫人能照顾她儿子的等级程度。

好，都明白了？很好！

现在，假设你有一个朋友——一个像你一样客观理性的朋友，他也参与进了这个实验，也同样被赋予了陪审员的角色，并同样被告知，在分析支持和反对约翰逊夫人的各自 8 条论据时，应尽可能做到客观公正。

现在，如果这两份参考完全相同，我们可以期待你们两个人得出一个相当类似的结论。

但是，假设你接手的为参考 A，而你朋友接手的为参考 B。你们的案例各自包含 8 条支持和 8 条反对约翰逊夫人的论据。出于篇幅和时间的考虑，我们在下文中只各自列出了一条支持和一条反对约翰逊夫人的论据。看看你是否能发现参考 A 和参考 B 之间的区别，而这种细微的差异又是否会影响你的判断。

你找到参考 A 和参考 B 之间的细微差别了吗？

我们可以看到，参考 A 中含有形象的、富于画面感的《星球大战》人物牙刷，而参考 B 中则没有。与此同时，参考 B 描绘了红药水洒在护士身上、"把她的制服染红了"的画面，而参考 A 中则没有。

	参考 A	参考 B
支持约翰逊夫人	约翰逊夫人监督她的孩子完成睡前洗漱。她的孩子用了一款像是带有《星球大战》中达斯·维达图像的牙刷。	约翰逊夫人监督她的孩子完成睡前洗漱。
反对约翰逊夫人	她的孩子带着严重刮伤的手臂被送到学校，约翰逊夫人没有帮他做任何的清理护理，还是学校的护士帮忙做了相关工作。	她的孩子带着严重刮伤的手臂被送到学校，约翰逊夫人没有帮他做任何的清理护理，还是学校的护士帮忙做了相关工作。护士清理伤口时，还不小心把红药水洒在了自己身上，把她的制服染红了。

在这个实验的设置里，参考 A 中，所有对约翰逊夫人有利的 8 个论据，都包含了形象、富于画面感的细节；参考 B 中，则是所有反对约翰逊夫人的 8 个论据，都给出了细节，如洒出的药水和染色的制服。

但是，这些生动详细的细节，都不应该对案件的逻辑和推理产生影响，它们都与约翰逊夫人是否是一位好母亲这个问题无关。

那么，这些生动的不相关细节是否会影响你和你朋友对约翰逊夫人的判断？事实证明，即使这些不相关的细节是无关大局的，但他们确实还是产生了影响。

研究人员发现，那些阅读参考 A 的人（支持约翰逊夫人的论据中包含生动的细节）更倾向于判定约翰逊夫人是一位好母亲，而那些阅读参考 B 的人（反对约翰逊夫人的论据中包含生动的细节）正好相反。结果显示，那些阅读参考 A 的人，给约翰逊夫人的平均评分约为 5.8 分，而阅读参考 B 的人给她的评分为 4.3 分（满分 10 分）。

这看起来很奇怪，不是吗？为什么在参考 A 中《星球大战》人物牙刷这样的不相关细节，会让人觉得约翰逊夫人是一个好母亲，而阅读参考 B（没有《星球大战》人物牙刷的细节）的人则不是这样呢？问题的关键点在于，约翰逊夫人确保了她的孩子每天晚上刷牙，他使用的《星球大战》人物牙刷则只是一件无关紧要的小事啊！

但是，正如研究结果所显示的那样，生动的细节确实对约翰逊夫人的评价产生了重大影响。但为什么会这样呢？

原因在于，生动的细节增加了信息的可信度。因为《星球大战》人物牙刷使陪审员很容易想象到孩子刷牙的情形，他们下意识地认为它更可信。

让我们再看一个用具体细节增加演讲可信度的例子。看看下面两段描述：

"不久前，我遇到一个男人，他告诉我他很快就要前往伊拉克。"

"不久前，我在伊利诺伊州东莫林的 VFW 大厅，遇到了一个名叫西莫斯的年轻人，一个很俊朗的年轻人，身高 1.9 ～ 1.93 米的样子，眼睛清澈，笑容满面，他告诉我他已加入海军陆战队，下周就要前往伊拉克。"

第二段描述来自奥巴马在 2008 年度民主党全国代表大会上的演讲。奥巴马意识到了一点，生动的细节远比模糊的陈述更令人难忘。就像《星球大战》人物牙刷和护士被染红的制服一样，奥巴马在我们的脑海中描绘出了一幅清晰的画面，并引发了我们的想象。它让我们不禁去想象，那个笑容满面、身高 1.9 米的年轻男孩的形象，我们也正是因此而记忆深刻。此外，因为包含了更多的细节，这段描述也明显比第一段描述更可信。

这里所运用的原则就是，具体的细节比模糊的陈述更令人难忘，也更可信。如，不要说"他衣着整洁"，而要说"他穿着黑色、挺括的布克兄弟套装"。这样，不仅你的话会更引人关注，也会给人留下更深刻、更可信的印象。

本章小结

给出的关于人物和事件的具体生动的细节越多，你演讲的可信度就越高。

在本部分，你将学习到如何使你的内容更富有感情。

- 与观众建立情感联系；
- 先解决掉棘手问题；
- 团结人们共同面对敌人；
- 在提供解决方案之前突出痛苦；
- 用引人注目的视觉效果唤起观众的情绪；
- 激起好奇心——在讲述之前先打趣一番；
- 用幽默抓住观众的情绪；
- 用反问句让观众反思自己的生活。

富有感情色彩

第五部分

第十六章　增强可信度的视觉效果

视觉是激发人们情感的一种有效方式。如果你要使用幻灯片演示文稿，要注意尽量避免使用枯燥、单调的文本来制作幻灯片——而是要多用一些能够激发观众情感的、有视觉冲击力的大幅图像来制作幻灯片。

如，你准备讲一讲印度的强奸问题，你可以考虑加上一幅明显受到殴打和伤害的受害者照片。她眼里的痛苦、脸颊上的泪水和脸上的表情，都会用一种言语无法表达的方式，激发起观众的强烈情感。

图片也是增强演讲可记忆性的好方法。研究显示，演讲三天后，大多数人只记得他们听到内容的 10%。但是，如果你添加一张照片，人们能回忆起的演讲内容最高可达 65%。

但是，在你制作自己的幻灯片演示文稿之前，你应该先问自己一个问题，"我真的有必要制作幻灯片吗？"幻灯片是否真的会有助于观众理解该信息，或者你只是将其用来帮助观众记忆你接下来要说的内容呢？使用幻灯片的唯一原因是你有很多视觉内容，如图片、照片、图表和图形等要做展示。举一个例子，在丹·平克的 TED 演讲中，在描述实验时，他展示了一个实验装置的图像。

假设我是实验者，我带你进了一个房间，给你一支蜡烛、一些图钉和一些火柴，然后告诉你，"你的工作是将蜡烛固定在墙上，并确保蜡油不会滴到桌子上。"你会怎么做？（后续的幻灯片显示：墙边的桌子上方，一个火柴盒被图钉钉在墙上，火柴里放着一支点燃的蜡烛。）

在上面这个例子中，视觉图片让文字更好地被理解，因为看到实验装置让人更清楚地了解到它的工作原理。

相似的情况还有，杰奎琳·诺沃格拉茨（Jacqueline Novogratz）在她关于摆脱贫困的 TED 演讲中，展示了她在肯尼亚访问过的一个贫民窟的照片。因为亲眼看到了这些照

片，观众更真实地了解到肯尼亚的贫困状况。

如果你确定要使用幻灯片来增强演讲的效果，在设计幻灯片时请牢记以下准则：

使用大图

许多演示者经常犯的一个错误是，幻灯片中加了太多的文字和要点，最终创建了一种幻灯文字片——一种 Word 文档和 PPT 演示文稿的结合体。

幻灯片中放置过多的文字，只会让观众眼花头痛、昏昏欲睡。此外，如果你的幻灯片包含大量文本，即使是经验丰富的演讲者也很难避免不去逐字阅读文本。最后，如果你的幻灯片完全没有让你去解释它的必要，你也就不需要讲了……你完全可以用邮件将幻灯片发送给你的观众，并取消演讲。正如演讲培训师克雷格·瓦伦丁所说的那样："如果你所说的和幻灯片上的内容完全一样，那么其中之一就真的没什么必要了。"

要避免这一情况的出现，解决方案是尽量少在幻灯片上放文字或干脆不放文字，改为视觉冲击力更强的大幅图像，作为内容补充。如，在谈论全球变暖的影响时，不妨配上一幅正在融化的冰川大图，这比配上冰川融化的文字幻灯片，效果要好得多。

无论你的演讲主题是什么，都可以将其转变为视觉冲击力更强的、作为内容补充的图片演示。

用大字体

如果你确实需要在屏幕上展示一些文字——可能是引言或一些关键词语——请确保使用大字体，保证坐在房间后面的人能够看清楚。我建议所用字号至少应为 30 点。这样一来可以确保会议室中的每个人都能够看清你的文字，二来也可以限制你幻灯片上的文字数量。

一个幻灯片一个想法

不要在一张幻灯片上展示太多的想法，那会让你的观众不知所措。你尽可以按所需去使用幻灯片，但一定要坚持一张幻灯片只展示一个想法的前提，这样你的幻灯片才能保持整洁舒适。再拿全球变暖影响的幻灯片为例，不要将全球变暖的所有后果都列在一张写满文字的幻灯片上，要让每个后果单独占用一张幻灯片，再配上具有视觉震撼的照片、图表或图像，来补充说明这种后果。

　　遵循上述三条准则，可以确保你在使用幻灯片时，不会出现大多数演示者经常会犯的众多错误，但这绝不是有效使用幻灯片的全部注意事项。多看一些好的幻灯片示例会对大家制作出更好的幻灯片大有帮助。

本章小结

> ·有大量视觉效果展示时，才使用幻灯片演讲稿；
>
> ·如果你和你的幻灯片所讲内容相同，其中一个就多余了；
>
> ·使用有视觉冲击力的大幅照片；
>
> ·使用大字体；
>
> ·一张幻灯片只保留一个想法。

第十七章 激发人们的好奇心

你已经无数次被这个方法影响——只是你并没有意识到这一点！它让你每天熬至深夜，它影响着你选择看什么节目，它让你每天坐在电视屏幕前。

你是否发现自己陷入了工作和看电视之间的拉锯战中？"他们一插播广告我就不看了，然后我就开始工作。"你在心里这样告诉自己。

如果你正在看拉里·金（Larry King）的《25周年特别节目》，那么在节目切换为广告之前，你会听到拉里·金的这些话：

贝蒂·戴维斯、比尔·考斯比、披头士、辛纳屈，尽在《拉里·金现场秀 25 周年特别节目》。

你不会想错过它的，因为下一环节听起来更令人兴奋。所以你一直看一直看……

奥普拉脱口秀、艾伦秀和拉里·金现场秀都喜欢用吊人胃口的预告片来引诱人们去看他们的节目。一个吊人胃口的预告片一般都是用一两句话，告诉你下一环节的节目有多么精彩，让你在广告过后又忍不住继续回来看他们的节目。

下面是一些你可能在电视节目中听到过的吊人胃口的预告片解说词：

"短暂休息之后，我们一起来探究一下，这位女士是如何在两个月内减掉90多千克的体重。请继续关注，一起来看看她这套百分百有效的不流汗减肥法！"

"接下来我们来认识一个人，25多年来，他一直致力于家庭幸福这门科学的研究。他采访了两千多对夫妇，咨询了宗教领袖，阅读了大量有关家庭幸福的学术文献。广告回来，他会告诉你，想拥有幸福的婚姻，你必须要做的三件重要之事，三件绝对超乎你想象的事情！"

在丹和奇普·希思（Chip Heath）的《让创意更有黏性》一书中，他们就用了一个名为《女孩效应》的在线视频为例子。这个视频以一系列全球性问题——艾滋病、饥饿、贫穷、战争为引子，并随之提出了问题："你可知道，这些问题也许会有一个意料之外的解决方案？甚至，你可知道，这个解决方案就在你身边，只是你完全没想到而已？这个答案不是因特网，不是科技，不是政府。"

看到这里，你会不好奇这个答案吗？

两个元素使《女孩效应》这个视频达到这样一种吊人胃口的效果。首先，它突出了问题。面对问题，人的思维总是下意识地就开始去寻找潜在的答案。其次，它用否定答案来挑战你："答案不是科技，不是政府。"排除了这些大多数人在听到问题时脑海中会立即跳出的解决方案，《女孩效应》就这样激起了你找出正确答案的兴趣。

公共演讲中也常用到吊人胃口效应。2001 年度国际公共演讲比赛的冠军达伦·拉克鲁瓦，在他的演讲技巧研讨会上，也使用了这种方法：

在获得国际公共演讲比赛的冠军之前，我花了十来年时间，研究了所有国际演讲比赛的视频。这个比赛的初赛有25000名参赛者，最终只有9人闯入决赛……承办方每年都有录像，我收集了全部的录像视频。我观看了10年来所有的比赛视频——全部90场世界演讲比赛！我看完了所有人的比赛视频后，又专门录制了一份冠军的录像视频，然后一遍又一遍地观看着，因为我想知道："第一名和第二名之间的细微差别到底在哪里？"说到这里，达伦停顿了好长一会儿，才又继续说道："我发现，所有的获奖者有着4个方面的共同点，值得我们去借鉴学习……"

看，你是不是很想知道这四个共同点都是什么？达伦就这样吸引着你去继续倾听他的演讲。

在西蒙·斯涅克的TED演讲中，他在指出自己的发现之前，也应用了吊人胃口效应。他是这样吊人胃口的：

大概三年半之前，我有了一个新发现，这个发现深深地改变了我对这个世界运作方式的看法，甚至从根本上改变了我的工作生活方式。事实证明，这是一种模式。事实证明，世界上所有伟大的、鼓舞人心的领袖和组织，无论是苹果公司、马丁·路德·金，还是怀特兄弟，他们思考、行动、交流、沟通的模式，都是完全一样的，都是跟其他所有人的思考模式完全相反的。我所做的仅仅是把它整理出来，这可能是世上最简单的创意了吧。

如果你没有看过西蒙的演讲，我敢打赌你肯定很想知道西蒙的发现是什么。反正我是这样的！

吊人胃口效应的主要用途，是通过介绍后续所传达信息的重要性，来吸引人们关注的过渡作用。

吊人胃口效应让你的观众做好倾听的准备。如果你希望观众对你所说的内容产生兴趣和好奇，在告诉他们之前不妨先吊吊他们的胃口！

在你的演讲中，吊人胃口效应可以应用在两种情况下。

第一种情况是，如果你正在举办研讨会或讲座，你可以在休息前使用一下吊人胃口效应，让观众对后续的部分保持兴趣度。

第二情况是，在提出你的观点之前使用。比如，假设你正在介绍三种提高工作效率的方法，多数演讲者会直接揭开谜底，开场就是："提高工作效率的方法有三种：第一，早起；第二，设定一个目标；最后，在午夜之前上床睡觉。让我们从第一个开始……"不能说这是一个很糟糕的演讲，至少它的结构很清晰，但这也绝不是一种好的介绍方式。因为，这样演讲的内容就完全是可预知的了，观众失去了好奇心，就会觉得无趣了。这也是我为什么不建议演讲者一下子将所有的要点都透露出来的原因之一，因为这会让观众失去对后续内容的好奇心。相反，你应该把所有要点都掌握在手中，在演讲过程中，用幻灯片一个一个地去揭示这些要点。

那么，优秀的演讲者会如何安排他的演讲呢？首先，他不会立刻透露出所有的解决方案。其次，在展示他的内容之前，他会先吊吊观众的胃口。如，就拿上面那个演讲来说，一个优秀的演讲者会这样开场：

在这场演讲中，你会获得三把打开更高效生活方式的钥匙。第一把钥匙，不仅会让你达到事半功倍的效果，还可以让你的生活变得更快乐、更有活力。试想一下，将你的效率提高一倍会怎样？我是这样获得第一把钥匙的……

在提出要点之前，演讲者首先用其好处来诱惑他的观众。

同时，他还提出了一个疑问，让观众去思考，如果演讲确实使他们的效率提高一倍，他们将会收获什么。最后，他没有直接透露答案，而是用一个引人入胜的故事，让观众自己去寻找答案。

这里还有一个例子，布琳·布朗（Brene Brown）在《脆弱的力量》这场 TED 演讲中也使用了吊人胃口效应，她是这样吊人胃口的：

> 但是，我可以告诉你的是——这大概是我过去十年的研究中，所学到的最重要的事情之一……

现在，你是不是很迫切地想知道她学到了什么？

在你的演讲中，透露你的内容之前，你也可以吊一下观众的胃口，引发他们的好奇心。吊人胃口效应，可以用在休息之前和揭示重要观点之前。

本章小结

· 不要忽视观众的好奇心；

· 在揭示重要观点或内容之前，先吊一下观众的胃口；

· 在演讲中途休息前，用吊人胃口效应透露一些后续内容。

□□

第十八章　在演讲中加入幽默元素

幽默，是让观众为你的演讲着迷的好方法。幽默不仅会让观众对你的演讲产生兴趣，还会有助于加强他们的记忆。很多最受欢迎、最鼓舞人心的 TED 演讲，也都是最幽默的。如，在肯·罗宾逊爵士广受欢迎的 TED 演讲中，平均每隔一分钟，他就会让观众笑一次。丹·平克的 TED 演讲中也有很多精彩的幽默元素。

不知你是否还记得，我们在前面的章节中提到过，演讲中应该避免开玩笑。那么，在演讲时，你该如何在不讲笑话的情况下，为演讲添加幽默元素呢？

突如其来的转折

给出期待，然后打破这种期待，突如其来的转折总是幽默的。因为当我们感到惊讶时，我们就会笑。这就是为什么当我们看到有人突然被绊倒并摔倒在地上时，我们常常会大笑起来。因为出乎我们的意料——我们很吃惊——所以引起我们的大笑。笑声的另一个好处是它使我们更加警觉，进而有助于学习。

在突如其来的转折运用上，肯·罗宾逊是一位大师。看看下面这段：

如果我的妻子正在家做饭——但这通常是不可能的——幸亏是这样。（观众笑）

在喜剧中，给出期待的那部分称为铺垫；点睛之笔则指是突然打破期待的那部分。在上面这个例子中，铺垫是"如果我的妻子正在家做饭——但这通常是不可能的"，这个铺垫，让我们以为肯爵士是在抱怨他的妻子不经常做饭。"幸亏是这样"则是点睛之笔，它突如其来地打破了我们先前的期待，因为我们发现，肯爵士真正高兴的是他的妻子不经常做饭！

突如其来地打破期待，是一种幽默的表达方式；且点睛之笔越短，笑点越高。如果肯爵士是这样说的："如果我的妻子正在家做饭——但这通常是不可能的，对此我非常感激。"那幽默感就会尽失。所以，如果你想让观众大笑，请尽量缩短你的铺垫和点睛之笔。

下面是丹·平克 TED 演讲中的另一个例子：

我的成绩不太好。事实上，在我们班级里，大约 90% 以上学生的毕业成绩……比我好。（观众笑）

前面的铺垫让我们以为，在毕业的学生中，丹的成绩排名比较靠前。但"比我好"这句点睛之笔，突然打破了这种预期，并为我们提供了新的见解，即丹在班级中以排名比较靠后的成绩毕业。我们意识到它前面那个语言上的歧俩，所以我们笑了。另一个原因是这种铺垫，这种自嘲的幽默——拿自己开玩笑，确实是一种很好的幽默方式。

使用自嘲式幽默

自嘲式幽默，是指让自己成为被取笑的对象。如果你愿意拿自己来开玩笑，你就拥有了取之不尽的幽默资源。

一起来看一看丹·平克在他的 TED 演讲中用到的一些自嘲式幽默。

我这辈子从来没有做过律师，严格来说那样做也是犯法的。（观众笑）

自嘲式幽默之所以会让人觉得可笑，是因为你乐于拿自己来开玩笑。观众之所以觉得有趣，正是因为你通过拿自己开玩笑来取乐。

与此同时，自嘲式幽默让你变成一个讨人喜欢的演讲者，因为人们都喜欢那些敢于放低自己的人。

再看一下肯·罗宾逊爵士 TED 演讲中的一个自嘲式幽默。

我曾是英国皇家芭蕾舞团的一员……正如你所看到的。

肯爵士在拿自己开玩笑，就他的个人身体情况（肯·罗宾逊爵士是一位小儿麻痹症患者）来说，他是不可能跳芭蕾舞的，这是显而易见的。

这里的经验是：不要害怕在舞台上拿自己开玩笑。

夸大其词

明显的夸大其词也会让人们发笑。一起来看一下伊丽莎白·吉尔伯特（Elizabeth Gilbert）在她的 TED 演讲中是如何夸大其词的。

当我第一次告诉人们——那是我十几岁时——我想成为一名作家时，我遇到了同一种类型的"害怕"反应。人们会问："难道你不怕永远无法成功吗？难道你不怕被拒绝让你羞愧死吗？难道你不担心一生从事这行，结果却一事无成，最后在梦想破碎的苦涩中死去吗？"（观众笑）

最后那句明显夸大其词的描述，让观众不禁笑了起来。

在肯爵士的 TED 演讲中，他也利用夸大其词引发了观众的笑声。一起看看他又是如何就妻子多任务同时进行的能力夸大其词的。

不过她做饭时，不是在打电话，就是和孩子们说话，或是

给房顶刷刷漆，甚至还在旁边主持开胸手术。（观众大笑）

下面是肯爵士同一次演讲中另一个夸大其词的例子：

（参加聚会时，当有人问你）"你从事什么行业？"你回答说你在教育部门工作时，你会发现他们涨红了脸，那意思好像是在说："我的天啊！""为什么会让我碰上？一周我才出来一次啊！"（观众笑）

有很多专门讲到幽默的书，但我发现上面三种方法最容易引发人们的大笑。

本章小结

你可用以下方法为演讲加入幽默元素：

· 突如其来的转折；

· 使用自嘲式幽默；

· 夸大其词。

第十九章　使用反问

使用反问，是让观众更深地融入演讲的好方法。反问，会让观众反思他们的生活，进而把你的演讲和他们的生活联系到一起。

引起观众想象的反问

如果你正发表关于聚焦力的演讲，你可以这样问："想象一下：如果你能100％专注于要做的事情，你的生活会有何不同？你的成就又会提高多少？你最终又能达到什么目标？"

这个反问会让观众去想象，如果他们按照演讲要求的那样去做，他们的生活会变得多好。因为对改善自己的生活有兴趣，进而让观众对演讲产生了兴趣。

请注意,反问句比陈述句要强大得多:"如果你可以100%专注于要做的事情,那么你将获得更多的成就!"反问,让观众想象他们的生活而调动了他们的情绪,而陈述只会使你的发言从一个耳朵进,从另一个耳朵出。

引起观众反思的反问

你还可以用反问引发观众对他们生活的反思。如,在我关于我的前女友(我称之为负能量南希)的演讲中,我讲了一个南希如何用她的负能量打碎我的梦想的故事。讲完后,我就问观众:"谁是你的负能量南希呢?"这个反问源自于我演讲中的一个对象(在这个案例中,指负能量南希),并把它代入到观众的生活中。这个反问让观众去反思,所有那些毁掉他们希望和梦想的负能量人物。

同理,如果你正在讲一个关于登山的故事,你可以向观众提出以下问题:"你正在爬什么山?你又准备达到什么样的高峰呢?"这些问题源自于你演讲中的一个对象(在这个案例中,是山峰或高峰),并把它代入观众的生活中。这让观众去反思他们的生活,他们面临的障碍以及他们在生活中努力实现的目标。

反问，不一定非要让观众反思他们的生活，还可以让他们反思社会。如，你正在发表关于枪支暴力的演讲，你可能会说："每天，有200名儿童死于枪支暴力行为之下。在我们有所行动之前，还会有多少人因此而死呢？"这个问题引发了观众的强烈情绪，因为这个问题在让观众反思社会现状的同时，也用暗示激发了他们采取行动去阻止更多死亡事件发生的责任感。

体现观众想法的反问

反问，也可用于大声说出观众的想法。如果你大声表达出观众的想法，观众会觉得是与你心意相通的。他们会想，"哇！这正是我的想法啊。"

如，在关于肢体语言的演讲中，艾米·卡迪（Amy Cuddy）知道，她的观众想了解她所分享理论的实际应用情况。因此，她提出了以下问题：

但是接下来，一个不可避免的问题是，几分钟的肢体语言真的能改变你的生活吗？……我们有什么机会真正用到这个呢？

同理，如果你知道你的观众在想："ABC 先生在做了 XYZ 决定之后，情况怎样了？"你可以这样说："你可能会想问：'接下来怎样了呢？'"这种反问，让你和观众之间建立起一种融洽的关系，在让观众保持对故事的好奇心的同时，也让你的故事得以顺利进展。

为了更好地运用这种方法，你可以先听一遍你的一个演讲（演讲稿副本、音频或视频）。当你聆听你的演讲时，不妨把自己放在观众的角度上问问自己，"作为一名观众，我会想什么问题呢？"用这种方法，以反问句的形式大声说出你的观众可能在想什么。

引起观众比较的反问

最后，反问句也可以让观众在两种选择之间进行比较。

这种类型的反问句，最著名的代表来自罗纳德·里根，是他在 1980 年总统大选期间提出的。

问问你自己，"相比四年前，你现在过得更好了吗？相比四年前，你去商店买东西更容易了吗？相比四年前，这个国家的失业率是更多了，还是更少了？美国在全球受到的尊重跟过去一样吗？"

请注意，相比简单地说："相比四年前，我们现在好多了。"反问所引起的情感是多么强烈！反问要求观众反思他们现在的生活，并将之与四年前相比，得到一个不可回避的结论是，他们的生活并没有好转。由于这个结论是观众自己得出的，相比由里根自己说出这个结论，强迫观众去接受，显然这个更容易为他们接受。

这里有另一个来自齐格·齐格勒（Zig Ziglar）的比较式反问。

你是没有目标的大多数人，还是目标明确的少数人？

这个反问句让观众反思自己的生活是什么样的，并自然地得出结论，他们想要成为一个明确目标的人。

反问，可以更有效地激发观众的情绪。大胆地去运用反问吧，让你的观众去联想、去反思、去比较，也让他们大声说出自己的问题吧。

本章小结

反问的使用，可以更好唤起观众的好奇心，也让他们更深地融入你的演讲。反问的类型主要有以下几种：

· 引起观众想象的反问；

· 引起观众反思的反问；

· 体现观众想法的反问；

· 引起观众比较的反问。

在这一部分，你将
学习到如何用故事让你的
内容更吸引人。前面，我
们已经讲到了很多关于讲
故事方面的内容——你已
经了解到故事应该富含感
官细节（VAKOG），应该
多一些关于角色、关于场
景的细节描述。鉴于这些
内容前面都已经涉及，这
里我们就不再多加赘述。
接下来，我们将介绍一些
故事讲述的新方法，让你
可以讲述一些更吸引观众
的、更引人入胜的故事。

具体来说，你会学
习到：

·讲故事的重要性
·让故事更精彩的5
个C
·让故事充满活力
的表达技巧

故事性原则

第六部分

第二十章　一个故事让赛百味的销售额增长 20%

你知道这个故事吗？一个人在不到一年的时间里减重 100 千克以上，并且还是靠吃快餐减下去的？

1999 年 11 月，《男性健康》上刊载了一篇文章，文章讲述了一位名叫贾里德·福格尔（Jared Fogle）的人的离奇故事。文章介绍说，贾里德是印第安纳大学的一名体重超重的学生，他通过吃"赛百味减肥餐"——每天只吃赛百味三明治，减掉了 110 多千克。

当赛百味的管理方听到这个消息时，他们决定放弃原有的"7 种低于 6 克"营销活动（赛百味有 7 种三明治的脂肪含量低于 6 克的系列广告），改为推广贾里德的故事。

结果如何呢？"贾里德那个赛百味家伙"的广告一上线，

赛百味的销售额就增长了近20%。然而，打了几年贾里德的广告后，赛百味的广告开始删去贾里德。而随着贾里德的离开，赛百味的销售额开始下降。因此，赛百味再次请回了贾里德，销售也再次回升。

为什么贾里德的故事如此受欢迎？为什么贾里德的故事比"7种低于6克"的活动更成功呢？

答案在于，故事比统计数据更有说服力。或者，正如管理类演讲培训师帕特里夏·弗里普所说的那样："人们对推销宣传已经有了抵抗力，但没有谁能抗拒一个好故事。"

"7种低于6克"的广告活动很难让人买账，但贾里德的故事是如此鼓舞人心，我们无法不去关注它。我们无法将贾里德的故事置身事外——只要是个人，我们就能体会到超重的烦恼，哪怕我们的体重并没有超重。因为好奇（"哇！他怎么会减掉那么多体重？"），我们无法不受这个故事的影响，甚至已经不知不觉中"看"了这个故事——哪怕你没有看过贾里德的商业广告，你仍然能自己在头脑里描绘出"吃赛百味前"和"吃赛百味后"的贾里德的不同形象。

另一方面，"7种低于6克"这个广告，只是用统计数据来告诉我们，但没有让我们融入其中，因为它并没有像贾里德一样激励我们，也引不起我们的好奇心，我们甚至搞不清楚 6 克脂肪对我们的身体有什么影响。

故事是一种有效的沟通方式，因为它让我们投入了感情，所以它很有吸引力；因为我们可以在头脑中描绘这个故事，所以它令人难忘。所以，为了使沟通中更有效，我们必须学会讲故事。

本章小结

故事的作用是很强大的，因为它：

· 能调动观众的感情；

· 让观众在心中创造心理电影；

· 使抽象概念可视化。

第二十一章　让故事更精彩的 5 个 C

公共演讲，从本质上来说，就是讲述故事、传达观点。

究竟是什么让一个故事那么精彩有趣的？

让故事更吸引观众的要素有哪些？

你的演讲中应该加入什么样的故事？

在本章中，你将学习到让故事更精彩的 5 个 C。我们也会看到，赛百味的贾里德故事又是如何适应 5 个 C 这一框架的。我们还会研究一下莱斯利·摩根·斯泰纳的故事，看看莱斯利如何运用 5 个 C 法则来讲述一个吸引人的故事。我建议你先看看莱斯利关于家庭暴力幸存者的演讲，然后再阅读下面的内容。

故事中必须有人物（Character）

你故事中的主要人物是谁？

给出一些主要人物的外貌特征提示，让观众可以在脑海里想象他们的样子；给出一些主要人物的外观特征信息，让观众可以"看到"这些角色。

就拿赛百味的故事来说，谁是其中的主要人物？贾里德·福格尔。

我们得到了哪些关于他的基本信息呢？他是印第安纳大学的一名体重超重的学生。即使只是看到这里，这些信息也足以让你在脑海中构建出一幅关于贾里德的画面了吧。

再拿莱斯利的演讲来说呢？莱斯利演讲中的两个人物是莱斯利和她的前夫。鉴于莱斯利就站在舞台上，我们就不再对她多做什么描述。再说她的前夫呢？对他我们掌握了哪些信息呢？莱斯利告诉我们，她的前夫康纳"毕业于常春藤联盟学校，在华尔街一家著名的银行工作……人聪明又有趣，从外表看来，像个农家男孩一样，迷人的酒窝，红扑扑的脸颊，小麦色的金发，看起来十分讨人喜欢"。莱斯利给了我们很多关于康纳的信息，足以让我们在脑海中描绘出他的形象。

所以，在演讲中讲故事时，一定要提供一些关于主要人物外观的具体细节描述。

故事中必须有冲突（Conflict）

冲突的存在，正是故事钓住观众的钩子。冲突会让观众好奇故事接下来的进展。对于冲突会如何解决，观众总是充满期待的。

比如说，电影《泰坦尼克号》的主要冲突是什么？一方面是船正在下沉，一方面则是人们在想方设法地保住自己的性命。更具体地说，是剧中的两个主角——杰克和露丝，正在努力地为活命在抗争。他们会活下来吗？还是会死去呢？就杰克和露丝的关系来说，电影中还存在第二冲突。他们会在一起吗？还是会因为社会阶层的悬殊差距而分手呢？

你看过的每一部好电影，你读过的每一本好书，都会有一个主要的冲突，让你着迷于冲突会如何（或是否）解决。

再拿贾里德的故事为例来说，其中又有什么冲突呢？故事的一开始就已经展开了，那就是贾里德正在为减肥努力。他体重超重，身体状况不佳，生活也似乎一事无成，而他想改变这一点。

再说莱斯利的故事，其中又有什么冲突？

我的愤怒成了康纳的借口，他用双手掐住我的脖子，死死地掐着，我无法呼吸，也喊不出声。他又掐着我的脖子，一次一次地把我的头往墙上撞。五天后，我脖子上的十个手指印才慢慢消退。然后，我就穿着我妈妈的婚纱，嫁给了他——尽管发生了那些事情，我还是相信我们以后能幸福地生活，因为我们如此相爱，也因为他表现出的深深悔意……这只是一个意外，他以后肯定不会再伤害我了。但是，蜜月期间，我又被打了两次。第一次……

莱斯利故事中的冲突是，她受到前夫肉体上的虐待，之所以没有离开他，是因为她还爱着他，并相信他会有所改变。

冲突必须得到解决（Cure）

故事中的冲突，必须以某种方式得到解决。

那么，冲突得以解决的方法是什么样的呢？

这个方法应该能帮助观众克服他们自己生活中所面临的冲突，这也正是这个方法的附加价值所在。

在贾里德的故事中，这个解决方法是"赛百味减肥餐"。"赛百味减肥餐"帮助贾里德减肥成功，成功地减轻了110千克体重。

在莱斯利的故事中，解决方法又是什么呢？

我之所以决定离开，是因为最后一次残暴的殴打突破了我承受的极限。我意识到如果我不反抗，这个我曾深爱过的男人真的会杀掉我。所以我打破了沉默。我向所有人求助：警察、邻居、朋友和家人、陌生人……

解决的方法是因为最后一次被殴打让她无法再欺骗自己，最终鼓起勇气离开了康纳。

人物必须因冲突而有所改变（Change）

克服冲突后，人物会有什么个性或态度上的转变？

克服冲突后，他们看待世界的方式是否有所改变？

克服冲突后，他们在身体、情感或精神上发生了什么样的变化？

如，在经历困难之后，人物可能会变得更加坚强。改变是在经历了贫困之后，人物开始创业并拥有了大量财富（从流浪汉到百万富翁的故事）。

对贾里德来说，他从一个体重严重超重者变为了体重正常的人。改变是因为吃了赛百味三明治这种"减肥餐"，让贾里德摆脱了糟糕的体重，变得越来越好。

在莱斯利的故事中，改变是她最终从一段家庭暴力关系脱身而出了。改变是从一开始的拒绝透露个人真实情况，到最终接受她深爱的那个男人会杀了她的现实。此外，还有从保守被虐待的秘密，到与世人分享她的故事，以帮助其他有类似情况的人。

故事必须要传达信息（Carryout）

公共演讲，从本质上来说，就是讲述故事、传达观点。那么，你故事中要传达的观点是什么？

你希望你的观众从你的故事、你的演讲中，记住学到什么呢？你想要传达给观众、想让他们记住学会的东西，正是你所要传达的核心信息。

赛百味三明治是一个健康的选择，这正是赛百味的故事要传达的信息！毕竟，贾里德因此减掉了110多千克体重。

莱斯利的故事传达的信息是什么？莱斯利用她个人的故事让我们了解到家庭暴力关系的不同步骤，但她最终想传达给观众的信息是，我们不应该去责怪家庭暴力关系中的受害者为什么保持沉默，而应该"用充满希望的未来，让家庭暴力关系中的受害者重新过上正常美好的生活。认识到暴力的早期迹象并及早进行干预，降低冲突，给受害者一个安全的出路"。

把贾里德的赛百味故事和莱斯利的个人故事做对比后，我们可以看到，一个给人留下深刻印象的故事中，5个C结构正是其构成基础。将5个C结构应用到你的故事吧，让你的观众也为你的故事着迷吧。

本章小结

想要用故事吸引观众，就要确保你的故事架构中包含下面这5个C：

人物 / 冲突 / 解决方法 / 人物变化 / 传达信息

第二十二章　让故事充满活力的表达技巧

只是故事精彩是不够的，你还得知道该用什么方式去讲述你的故事，才能让观众为你的故事着迷。虽然从书本上学习演讲技巧很困难，但是学会下面这些重要的演讲技巧，会让你成为一个充满活力的演讲者。

稍缓一下再开始

大多数演讲者都会犯这样一个错误，一走上舞台，就立刻开始演讲。我建议你不要这样，走上舞台后，先与观众做几秒钟的眼神交流，然后再开始讲话。这是一种在演讲开始之前与观众打招呼、并建立联系的方式。

稍缓一下再开始，还有其他几个好处。首先，它表明你是一个自信的人，不怕沉默。其次，它让房间里的人都获得同样的状态。如，假设你上台时，观众们正在聊天，稍缓几秒钟，会让观众有时间停下他们的谈话并将注意力集中在你身上。最后，演讲开始前稍缓一下可以让你获得信心。如果你对演讲心生紧张，你可以在演讲开始前稍缓一下，不动声色地做几次深呼吸，让自己平静下来。在重要的演讲之前，我也经常会感到紧张，这时我就会在演讲开始前的几秒钟稍缓一下，来摆脱心理上的紧张。

微笑

上台时，向观众示以微笑，也是你对观众的到来表示感谢的一种方式。但是，千万不要假笑，因为研究表明人们会在潜意识中辨别出假笑。让自己有这样一个心态，即你很珍惜与观众在一起的时间，因为获得了一个与世人分享你的信息的绝佳机会。有了这种积极的心态，你的微笑就会自然而然地展现出来。

当你走上舞台时，唯一不应该微笑的情况是，你想制造一种肃穆的氛围。比如，当你要讲述一个悲伤的故事，并从亲人的死亡开场时，那么再微笑就不合适了。

但是，一般情况下，我建议还是向观众示以微笑。微笑是热情和真诚的展示，也是与观众建立情感联系的第一步。

眼神交流

眼神的交流是赢得观众信任的好方法。因为眼神的交流被认为是真诚的体现，而缺乏眼神交流则往往与谎言画上等号。所以，多与你的观众进行一些眼神交流吧。

我推荐用扫视和注视交替进行眼神交流。讲故事过程中，用眼睛扫视房间的各个部分（前、后、左、右和中间）与人进行短暂的眼神交流；但是当你遇到重要的问题时，要停下来，直视某人的眼睛，将你的观点直接传达给对方。同理，当你提出一个重要问题时，也可直视某人，将你的问题传达给他。

少用赘词

演讲中，若"嗯"和"呃"之类赘词使用过多，或是"好像"和"大约"等语义不明确的连接词用得过多，会让人有你本人也并不确信自己所传达内容的感觉，进而降低信息的可信度。减少赘词、连接词的用量，首先是要充分意识到你在使用它们。第二步是，不确定要说什么时学会暂停。大多数时候，演讲者使用连接词，是因为他们不知道接下来要说些什么。有意识地去练习暂停，你的赘词、连接词自然会慢慢消失。

你不必等到下一次演讲再练习这个技巧，在日常对话中使用它就可以。当你发现自己不知道接下来要说什么时，试着暂停一下。开始时这可能会很难，但随着你使用次数的增多，用起它来就会越轻松。

使用自然的手势

作为一名公共演讲培训师，我最常听到的问题之一是："我的手该怎么放？"

你应该尽可能自然地使用你的双手，就像平时与朋友交谈时那样，因为这才是公共演讲应有的状态——就是你在和一群友好的、对你所说内容感兴趣的人，在进行交谈。

如，在安东尼（托尼）·罗宾的 TED 演讲中，他提出了以下问题：

我们应该问自己的是：究竟是什么？到底是什么塑造了我们？

当他问这个问题时，他用右手托住了下巴，一副思考的姿态。这是一个预设的手势吗？不，显然不是，它完全是自然而然地出现的。对于演讲者来说，经常出现的情况是，当你太过于忘我激情地投入到演讲中时，根本就不会再考虑到手势这个问题，一些习惯的手势会自然而然地表现出来。

也因此，在丹·平克的 TED 演讲中，他非常有效地运用着手势。当他谈到低、中、高的奖励时，他的手自然地用低位表示低奖励，然后上升表示中等奖励，再上升至更高以表示高奖励。这些姿势对他所讲的内容构成了很好的补充。

鉴于此，使用"自然的手势"这个答案就没有多大的帮助了，所以下面我为大家提供了一些更好地使用手势的小细节。

· 不要双手交叉抱臂——这会给人以防御意识过重之感。研究表明，双手交叉抱臂的人被认为不够友善，且并不太讨人喜欢。

· 不要将手放在口袋里——我有两个理由建议你不要这样做。首先，大多数这样做的人都会下意识地去玩弄他们口袋里的硬币和其他小物品。这会让人心生不快。其次，你的双手可以用来展示形状、差异和大小的不同，起到帮助观众更好地理解故事的作用，所以千万不要把你的手藏在口袋里！

· **避免用"遮羞布"姿势**——许多男性经常会用到这种姿势——将双手握放在私处前面。这种姿势除了会分散观众的注意力外，也体现了演讲者的不自信和不安全感。

· **不要用手指指着观众**——用手指指着观众不仅给人以粗鲁之感，同时也容易让观众心生不快。如果真的有必要，也不要用手指，而是用张开的手掌去指向观众。

· **用双手帮助展示你所说的内容**——你的双手应该更生动地帮你展示所说内容。如，当你说"约翰大约 1.82 米高，体型如希腊雕像一样健壮完美"时，你的双手完全可以配合来展示他的身高与体型。

用姿势让你的人物更鲜活

发表演讲时，首先你应该有一个自信的站相。最自信的姿势是挺胸抬头，勇敢自信地展现你的个人风貌，这样你才真正拥有了这个舞台。你越是不敢展现自己，越是想降低自己的存在感，你就会越害羞，越紧张。

我建议你录制下自己演讲的录像，并分析自己的肢体语言，看看你是否展示了自己的自信。当我做这个练习时，我意识到我有点驼背并且没有完全站直。意识到这一点后，我有针对性地主动加以改善，让我的肩、背更挺更直。我知道我做到了，因为当我采用这种姿势时，我显得更加自信了。

你还可以用自己的姿势将你的人物更鲜活地展现在舞台上。如果你的故事中有一个瘦小、虚弱的老太太，在她说话时，你可以配以弯腰驼背而缓慢的姿势，让你的人物更形象地展现在舞台上。

让面部表情与故事保持一致

你的面部表情应该与你所讲的故事一致。如果你正在讲一个悲伤的故事，那么你的脸上也应该配以悲伤的表情。如果你正在讲的故事中，要表现一个人物的兴奋，那么你的脸上也应该有这种兴奋感。

面部表情也可以帮助你获得更多的笑声。当你在说一件有趣的事时，相应的面部表情会帮你获得更多的笑声。张开的嘴巴表示惊讶，皱起的眉毛表示困惑，瞪大的眼睛表示恐惧……这些表情会让你的故事更鲜活，也会让你的故事更有趣。我建议你看看你喜欢的喜剧演员的作品，注意观察一下他或她的面部表情，你会发现，哪怕只是一个面部表情，也可能会引起捧腹大笑。

多些展示，少些明说

《讲故事——商战取胜之道》的作者道格·史蒂文森（Doug Stevenson）说："行为就是语言。相比嘴上说的'我沮丧到说不出话来'，不如用行为表现出来——欲言又止的表情，再配以身体上的沮丧感。"有可能的话，尽量遵循多展示而少明说的原则。

你的声音手势要与观众数量相匹配

你的声音手势要与观众的数量相匹配。这也就是说，当观众的数量很多时，你的手势需要更夸张一些，你的声音需要更高一些。反之，当观众较少时，你就不需要那么大声。

如，当著名励志演说家安东尼·罗宾在成千上万的观众面前演说时，他的手势（和面部表情）总是非常夸张。但是，在安东尼的 TED 演讲中，因为观众较少，他的面部表情和手势幅度就小很多。

与观众的活跃度相匹配

当遇到不是很活跃的观众时，你最好也不要表现得太活跃了，也不要期待观众会给予你同样的活跃表现。相反，你应该先去适应他们的活跃度，然后通过一些活动、问题等，引导他们达到更高的活跃度。同理，当你遇到特别兴奋和热情的观众时，你也应该尽量表现出同样的热情和兴奋程度。

安东尼·罗宾研讨会上的观众总是表现得很兴奋火热，所以安东尼也总是表现得很兴奋，并用音乐、拍手、跳舞让这种兴奋程度更燃一层。

但是，在安东尼·罗宾的 TED 演讲中，当观众的情感表现并不是那么有张力时，为了与现场气氛相匹配，他的演讲开场也要温和得多。

充分利用舞台

在舞台上时，不要像养在笼子里的老虎一样来回踱步，因为这会分散观众的注意力。你在舞台上的活动应该是有目的性的，应该是你所讲故事的辅助。当故事中展现的场景不同时，你应该在舞台上的某个位置有相应的布置。如，当故事中讲到你的工作时，那么你可以在舞台的右侧布置出相应场景；当你说回到家里时，你应该走到舞台的左侧，并在那里布置出你家里的场景。这样，当你走回舞台的右侧时，你不必说明，观众也知道你回到了办公室。通过这种方式，将整个舞台作为道具，可以给你的观众更加直观的感受。

你还可以将舞台当作时间轴。舞台的左侧（从观众的角度看）代表过去，舞台中心代表现在，舞台的右侧代表未来。

运用声音的多样性

声音多样性指的是你该如何运用你的声音。你可以用你的声音唤起观众的不同情绪。你可以用短句、少停顿、快语速，表现出汽车高速追逐的紧张感。谈到你在海边渡过的悠闲一天时，你可以用轻柔闲适的语调，重现你坐在沙滩上时的宁静平和。

但是，想让演讲真正充满活力，其关键在于对比。如果你的演讲全程高声而快速，那么观众也会很快就厌烦，因为他们找不到什么重点。如果你的演讲全程平和而温柔，那么观众也会很快因为厌烦而打起瞌睡来。诀窍是两者要混合搭配使用。故事的场景不同，你说话的音量和节奏也要有所不同，用以表达不同的情感。

　　表达不同人物的对话时，你的音调也要不同，要用人物的声音——在模仿一个男人说话时，要用略微低沉的声音；在模仿一个年老体弱的老年女性时，就要用稍高一些的音调。但是，这种变化也不宜过于明显。身为一个男性，在表现一个小女孩的角色时，你不必非得用上又尖又细的少女声，只要有微妙而明显的变化即可。

本 章 小 结

　　使用下面这些方法可以让你成为一个高超而充满活力的演讲者：

· 稍缓一下再开始；

· 微笑；

· 眼神交流；

· 少用赘词；

· 使用自然的手势；

· 用姿势让你的人物更鲜活；

· 让面部表情与故事保持一致；

· 多些展示，少些明说；

· 你的声音手势要与观众数量相匹配；

· 与观众的活跃度相匹配；

· 充分利用舞台；

· 运用声音的多样性。

第二十三章　演讲开始前的 8 个小准备

演讲排练

我是一个演讲排练的坚定支持者。将你的家人朋友聚集起来，感受一下当所有人的目光都集中在你身上时，你的演讲会进行得怎么样；同时你的家人和朋友也能给你一些需要改善或改进的建议。你也可以加入头马俱乐部，在那里去练习你的演讲，并得到一些专业性的回馈。

如果你无法在观众面前预演你的演讲，那就把自己一个人关在房间里，像在现场观众面前一样发表你的演讲。此时，你的音量、语调和手势，应该尽量与你在舞台上的表现相似。可能的话，把你的排练过程录下来，然后回放一下，看看你该如何去改进。

做些运动

在演讲当天，不妨去做一些运动。去健身房、去做瑜伽、去慢跑，运动会释放内啡肽，让人心态更放松。这样你在演讲时，会少些压力，多些自信。

在房间里走一走

在演讲当天，先到你要演讲的房间里看一看。先在房间里走一走，这样你就可以更清楚地知道，如何才能让观众们更清楚地看到你，听到你的声音。查看房间时，也可以做一些检查，以确保你演讲时，观众的视线不会受到阻挡。

熟悉舞台

走上你将要演讲的舞台，看看你有多少可移动的空间。此外，在舞台上走动也会让你进入"演讲模式"，这会让你更好地进入进行演讲的好心态。

测试设备

如果你要使用幻灯片或麦克风，检查看看它们是否正常。

测试一下麦克风，确保你在房间走动时，不会因为你的走动（线路干扰）产生什么尖锐的噪音。

排练开场

再次排练演讲的开场。这样，当你上台时，因为很清楚要说些什么，你会更容易克服怯场的情况。

听听音乐

2009 年国际公共演讲比赛的冠军马克·亨特（Mark Hunter）告诉我，他在演讲比赛前会听一些音乐，这有助于他保持冷静和专注。

在演讲之前，你也可以听一些你喜欢的音乐，这会让你更加放松和专注。

想象一下成功

世界级演讲比赛的参与者在赛前，会想象自己进行一场成功演讲的情形，这有助于他们"进入状态"。

想象可以让你做得更好。想象自己发表了一场精彩的演讲，想象自己能轻松应对任何意外的挑战……想象会让你更好地"进入状态"，让你为发表一场精彩的演讲做好心理准备。它会让你更自信，下意识地帮你做好准备，去应对任何意想不到的挑战。

本章小结

在你走上 TED 舞台开始演讲前，你要做的一些小准备有：

- 排练你的演讲；
- 做一些运动来释放内啡肽；
- 在你将要演讲的房间里走一走；
- 熟悉舞台；
- 测试设备；
- 排练你的开场；
- 听听音乐；
- 想象一下成功。

第二十四章　发表一场完美的 TED 演讲

那么，发表一场完美的 TED 演讲的秘诀到底是什么？

一场完美的 TED 演讲，应该是简单、具体、可信的，其中会包含一些观众意料之外的东西，会引起观众的共鸣，并利用故事将信息传达到位。

简单

· 找到你的核心信息

· 将你的核心信息简化为一个简单难忘的能量短语

· 使用简单易理解的结构

· 提供演讲结构示意图

意料之外

避免老套、无聊的开场，可以用故事、问题、引言、有趣 / 惊人的陈述或回溯的方式开场

· 使用令人震惊的统计数据和事实

· 谈论新鲜事物

· 给观众一些非常规的知识

· 反传统的知识

· 创造一个令人惊叹的"哇"时刻

具体

· 具体

· 使用隐喻、类比、明喻、案例研究、例子和故事等，将失败等抽象的概念转化为具体画面

· 为观众提供具体的下一步行动

可信

· 借用第三方引言的可信度

· 通过个人介绍建立你的可信度

情感

· 解决掉棘手问题

· 团结人们朝着共同的目标努力

· 团结人们面向共同的敌人

· 与观众建立情感联系

· 提供解决方案之前突出痛苦

· 使用引人注目的视觉效果来唤起观众情绪

· 激发好奇心——在讲述之前先打趣一番

· 使用幽默来吸引观众的情绪

故事

· 让故事更精彩的 5 个 C

· 使用第二十三章中让故事充满活力的表达技巧

附 篇

在 TED 演讲中
如何讲故事

第一章　TED 演讲成功的神奇要素

开展一场成功的 TED 演讲的秘诀是什么？

让 TED 演讲充满魅力的神奇要素是什么？

TED 演讲（www.Ted.com）是我们看到的最鼓舞人心、最精彩的演讲之一。每场演讲时长 18 分钟，这对 TED 舞台上的演讲者来说是一个很大的挑战。这要求他们必须把他们的专业知识、他们的经历提炼浓缩在这 18 分钟里。也就是说，他们只能分享一个想法，这就要求他们必须问一问自己：

如果我只能给观众留下一条核心信息，我该留下什么？如果我所说的一切，观众最终只会记住一点，我希望他们记住的是什么？

TED 演讲者分享给我们的，不仅仅是他们深刻的思想，他们本身也可能是你见过的最好的演讲者。

与你听过的那些乏味、沉闷、无聊的公司内部例会不同，TED 演讲都是充满吸引力和魅力的，每一个字都深深地吸引着你。TED 舞台上的演讲者们，总是那样自信、强大而有说服力。

那么，是什么让这些 TED 演讲如此鼓舞人心呢？

发表一场成功的 TED 演讲有什么秘诀吗？

更重要的是，你又能否运用这些秘诀，让你的演讲也能更有冲击力、更有活力、更有吸引力呢？

为了回答这些问题，我深入研究了 200 多场 TED 最优秀的演讲，详尽地分析了每一场 TED 演讲的结构、演讲内容和演讲方式。

我有什么发现呢？

让每一场 TED 演讲都如此充满魅力的神奇要素是什么呢？

是什么使这样优秀的 TED 演讲如此鼓舞人心（这个词经常和 TED 演讲联系在一起）呢？

我的发现是：**所有优秀的 TED 演讲都有一个共同点——**

他们都是会讲故事的人。也就是说，TED 舞台上最好的演讲者，都是一些故事大师。他们都掌握了这种更好地向大众传播信息的方式，且不会给人以说教的感觉。这只是故事的一方面优点——分享信息，而不给人以说教的错觉，另一方面，这样也会让你的信息更容易为观众所接受。

在这个简短的附篇中，你将学习到，如何用故事让你的演讲更吸引人、更鼓舞人心。你将学会如何巧妙地讲出让观众着迷的故事，你还会学到如何用故事让人们记住你的话。

这个附篇，介绍了如何用故事去吸引观众的 23 条重要原则。

无论你是要做 TED 演讲，还是对公演讲，你都可以运用这些原则，让你下一次演讲取得巨大成功。

准备好了吗？让我们开始吧……

本章小结

> · 所有优秀的 TED 演讲者都有一个共同点，即他们都是会讲故事的人。

第二章　故事的开始

你听过多少次演讲，是在开场后 30 秒内就把你吸引住的？

你参加过的演讲中，有多少次让你在开始的 30 秒内就在想："哇，这真的是一个很好的演讲！"

没有几次？

不要担心。

作为公共演讲的培训师，我经常被问这样一个问题："开始一场演讲的最好方式是什么？我该如何开始我的演讲？"开场，是演讲中最重要的部分之一。如果你无法在开场的 30 秒内引发观众的注意，他们就可能会神游天外——且很难再让他们重新集中精神来听你的演讲。

你只有一次机会，给观众留下一个好的第一印象，所以不要浪费它。

我看到过太多的演讲者，总是以枯燥、乏味、毫无生气的方式开始他们的演讲。最常见（也是最无聊）的开场白是："谢谢你邀请我来演讲，我叫 XYZ，接下来我想与你们谈谈……"这种开场方式简直是对观众兴奋度的秒杀，瞬间让他们的兴趣荡然无存。

如果观众本来很期待你的演讲，有了这样一个开场白之后，他们肯定也会很快失去听下去的兴致了！

那么，开始一场演讲最好的方式是什么？

你可能已经猜到了：**以讲故事的形式开场。**

苏珊·凯恩在 TED 舞台上发表了一场题为《内向性格的力量》的演讲，一开场，她就巧妙地用这种方式，将观众吸引到她的演讲中。如果你还没有看过她的演讲，我强烈建议你去看一下。

对演讲的效果进行分析，是一种很好的学习方式，这样你才能更好地了解，在公共演讲中，什么方式更有效，什么方式又是不可行的。

试想一下，看到下面这段苏珊演讲中的开场白时，你心中有什么样的感觉？它激起了你的好奇心吗？它唤起了你的某些记忆吗？它会让你对接下来的演讲感兴趣吗？

　　我9岁时，第一次去参加夏令营，妈妈帮我整理好了行李箱，里面塞了很多书。这对于我来说是一件极为自然的事情，因为在我们家里，阅读是最常见的家庭活动。听上去你们可能觉得我们不爱交际，但对于我们家的人来说，这只是家人之间交流的另一种形式而已。一家人依偎在一起，身体的亲密接触表达、感受着亲情，与此同时，你们的大脑却正在思维深处自由地驰骋冒险。我觉得，如果夏令营也是这样子，可能会更好……

自我介绍式的开场很无聊

　　你是否注意到了，在苏珊的演讲中，她是如何避开自我介绍式开场的呢？一开场，她并没有向观众做自我介绍（这应该是介绍人或主持人在你上场之前做的事）；此外，她也并没有因为有幸到TED舞台上发表演讲，表达她的感激之情。相反，一开场，她就直接讲起了她自己的故事。向观众表达你的感激之情的最好方式，是给出一场吸引观众，让观众很兴奋，甚至是有兴趣参与其中的演讲。

深入一段故事

苏珊的开场之所以吸引人，是因为她直接深入到了她自己的故事。用一个故事开启你的演讲，这是引起观众注意的最好方式之一。

我9岁时，第一次去参加夏令营，妈妈帮我整理好了行李箱，里面塞了很多书……

上面的开场很有说服力是因为：

· 它不同于大多数演讲者的开场。

观众不喜欢那些又老套又无聊的开场白。如果你的开场已经在观众预期之中，只会让他们生厌！讲故事，正是一种让你与大多数演讲者区分开来的开场方式。

· 它带观众进行了一次精神之旅。

故事将观众带入了一个精神之旅。当你读到苏珊的开场内容时，你仿佛看到9岁的苏珊正去参加夏令营的情形。哪怕你已经很疲惫了，你也会不可避免地被这个故事深深地吸引住。正如管理类演讲培训师帕特里夏·弗里普所说："一个好故事总是让人无法抗拒。"故事激发了人们的想象力，让他们在不知不觉中被吸引到了这场演讲中。

· **它有相关性。**

故事会让人不由自主地在自己的记忆中寻找相似或类似的经历。也许，当你想象苏珊的夏令营之旅时，就借鉴了你自己参加夏令营时的一些细节。因为这个故事与你是有关的，它也就让你和演讲者之间有了联系。

· **人天生就喜欢听故事。**

在书面文字出现之前，故事是人类知识传播传承的一种方式。人的大脑天生喜欢故事，这也是我们的大脑学习和处理信息的一种本能。

那么，你如何开始你的下一场报告或者演讲？用讲故事的方式吧。以故事开场，是经过测试和验证过的，引发观众注意、让他们精神投入的一种有效方式。

本章小结

·对演讲带给你的影响进行分析是一种很好的方式，可以让你了解在公共演讲中什么是有效的，什么是不可行的。

·如果你无法在最初的 30 秒内吸引观众的注意力，他们就会神游天外。

·不要以无聊的介绍性语句开场，从一个故事开始。

·故事之所以强大，是因为人天生就喜欢听故事。

·故事让观众踏上一场精神之旅，他们无法抗拒一个动听的故事（即使他们尝试过）。

第三章　让故事难以抗拒的神奇要素

是什么把我们吸引到一个故事里的？

为什么有些故事会让我们听得凝神屏息，心神随之起伏呢？

一个扣人心弦的故事中藏着什么神秘的元素？

如果你想让你的观众被你的演讲所吸引，你必须掌握下面这一原则。

让一个故事令人无法抗拒——让观众听得凝神屏息、心神随之起伏，为你的每一句所吸引，其中最重要的一点，就是**冲突**。

那么，是什么冲突呢？

冲突就是斗争，是来自于对立双方的斗争，是生与死之间的斗争，是仇恨与宽恕之间的斗争，是自由与压迫之间的斗争。只要故事中有两股完全相反的力量存在，使结局充满不确定性，这个故事就会扣人心弦，就会让我们深陷其中，充满好奇，会让我们不停地去询问："接下来会发生什么？"

一个没有冲突的故事，不会是一个吸引人的好故事。因为没有冲突，就没有悬念，就没有"接下来会发生什么"的疑惑。

没有冲突，意味着我们已经想到了接下来会发生什么，那么也就引发不了我们的好奇心，自然也就吸引不了我们的关注。

举个例子，曾经轰动一时的《泰坦尼克号》之所以会引起轰动，原因就在于它包含了多种不同的冲突。第一个，也是最重要的一个冲突，是生与死的冲突。当泰坦尼克号沉没时，我们不禁会想："他们会活下去吗？"事实上，电影中很多激动人心的场景中，都包含有很多小冲突。

如，其中有这样一个场景，人们发现船上的救生艇不够了，于是冲突也就来了："谁该上救生艇，谁又不该上去呢？"

电影中的第二个主要冲突，是两个主角——杰克和露丝，最后能否在一起的问题。爱能否战胜一切，还是他们终将因悬殊的社会阶层之差而分开？

若没有这些冲突，《泰坦尼克号》这部电影也不会有如此震撼人心的效果。

毕竟，不会有多少人愿意花钱去看这样一部平淡无奇的《泰坦尼克号》：男女主角在船上相遇，一见钟情坠入爱河，从此过上幸福生活的故事。是的，我们以为自己会对那种傻白甜的、平平淡淡的爱情电影更感兴趣，我们以为这样我们会更多地感受到爱情的甜蜜，但令人惊讶的是，故事中的各种冲突，才是吸引观众去观看一部电影的真正原因所在。

与此同时，这也是让观众对你的演讲着迷的原因。

莱斯利·摩根·斯泰纳在 TED 发表了题为《家庭暴力的受害者为什么不离开》的演讲，和观众分享了她的一段个人经历。

这场 TED 演讲是我见过的最扣人心弦、最有力量的演讲之一。它为什么会如此有力量？因为这个故事中有很强烈的冲突。

以下是莱斯利演讲的部分文字：

我的愤怒成了康纳的借口，他用双手掐住我的脖子，死死地掐着，让我无法呼吸，喊不出声。他掐住我的脖子，一次一次地把我的头往墙上撞，五天后，我脖子上的十个手指印才慢慢消退。然后，我穿着我妈妈的婚纱，嫁给了他——尽管发生了那些事，我还是相信我们以后能幸福地生活，因为我们如此相爱……这只是个意外，他以后不会再伤害我。但蜜月期间我又被打了两次。第一次……

哇，这难道不是一个强有力的冲突吗？当我看莱斯利演讲时，我真的感同身受，尽管我从没遇到过类似的情况，也不认识有类似经历的人。然而，我非常同情她，因为她故事中的冲突是如此强烈。她遭到了前夫的家暴，却因为深深地爱着他，而没有离开他。这种强烈的冲突极大触动了观众的神经。

故事中的冲突让观众为一个人物加油，希望这个人物能够取得胜利。举个例子，莱斯利的故事让我不知不觉把自己放在了她的位置上——不禁去想象，如果我处在她那样的环境中时，我会怎么做。

于是，我的感情就这样被触动了，我和莱斯利之间由此产生了情感共鸣。如果你想发表一场强有力的演讲，这种情感上的共鸣是必须的。当你引发观众的共鸣时，他们就会完全沉浸在你的故事里。

分享自己的故事

莱斯利的 TED 演讲中，还有重要的一点需要我们注意，那就是自己故事的力量。观众喜欢新事物、新想法、新观念和新故事。

作为一个公共演讲培训师，我看到一些演讲者常犯一个错误——故事太老套。业余演讲者最喜欢重复的故事之一是《海星的故事》：

一个男人在沙滩上散步，看到一个小男孩把海星扔回了大海。这个男人告诉小男孩："何必这么麻烦？这么多海星，你扔与不扔都没有什么改变。"

男孩拾起一个海星，把它扔回大海，说："对于我扔的这个来说，我让它做出了改变。"

《海星的故事》是一个好故事，但问题是它被使用的次数太多了。

观众们厌倦了听不同的人重复同一个故事，再用也只会让观众厌烦。

那么，你应该讲什么样的故事呢？讲自己的故事。自己的故事之所以吸引人，是因为：

·观众听到了全新的故事。你的故事对观众来说是全新的，这让他们更有兴趣听下去。

·它们提升了你演讲的价值。当你讲述你自己生活中发生的事情时，你会自然流露出那些事情发生时你的感受、你的情绪，这会让你演讲的真实性更强烈。你无须特意去练习你的手势和面部表情，因为你在讲述自己的故事时，这些都会自然而然地发生。

你在构思自己的故事时，一定要考虑到冲突。你故事里的冲突是否足够强烈？怎样才能让这些冲突更强烈？这些冲突是否强烈到能真正触动观众的情绪呢？它们又是否会让观众去好奇"接下来会发生什么呢"？

如果你对这些问题的答案都是肯定的，那么你的故事就一定会吸引你的观众。

本章小结

> · 分享自己的故事。
>
> · 让故事不可抗拒的神奇要素是冲突。
>
> · 冲突越强烈，你的故事就越吸引人。
>
> · 问问自己："我故事中的冲突是否足够强烈，能够激发观众的情绪吗？"
>
> · 故事中的冲突会让观众产生好奇心，会让观众不禁想问："接下来会发生什么？"
>
> · 没有冲突 = 没有好奇心 = 没有兴趣。

第四章　如何让你的人物栩栩如生

如果你曾经历过一次精彩的演讲，那么你就知道精彩的所在，绝不仅仅在于演讲的内容，吸引观众的也绝不仅仅是演讲提供了多重要的信息，还在于演讲者为你呈现出怎样的画面。

管理类演讲培训师帕特丽夏·弗里普曾说过："人们是否会记得你说了什么，关键在于你说那些内容时，向他们呈现了怎样的画面。"

这意味着，你的演讲要为观众提供一种体验，并创建一个生动的视觉形象。想想你最近读过的一部精彩小说，页面上的文字创建了怎样生动的一个个视觉画面——你可以在脑海中构建出这些人物，并想象到他们的动作。一个精彩的演讲也不例外。

在这方面，我最喜欢的一个例子是马尔科姆·格拉德威尔在 TED 所做的演讲——《选择、幸福和意大利面酱》，演讲中他描述了一个叫霍华德的人物，他说：

> 霍华德大概有这么高（手势比划中），六十来岁，圆圆的脸上架着一副大大的眼镜，虽然头发已经灰白稀疏，但人却仍精力充沛，活力十足。他养着一只鹦鹉，他喜欢听歌剧，也是一个中世纪历史的狂热爱好者，他的正职则是心理物理学。

看到这里，你的脑海里是不是也出现了一幅清晰的霍华德的形象？

正是这样的描述，让马尔科姆成为一名优秀的故事大师——他很清楚地知道该如何让他的人物栩栩如生。他为观众提供了足够多的描述性信息，让观众可以清晰地在脑海中描绘出这些画面。

演讲并不仅仅是"讲述"，更多的是"展示"，这样观众才能真正获得深入的体验。

马尔科姆一直遵循着"展示，而不只是讲述"这一原则。

比如，当他谈论霍华德时，他可以直接说"霍华德是个古怪的家伙"，但这样你就无法对这个角色有更深刻的理解。所以，他说："他养着一只鹦鹉，他喜欢听歌剧，也是一个中世纪历史的狂热爱好者。"这样，你当下就可以想象出霍华德的样子，也会知道他有点古怪。

撰写演讲稿时，想要运用这个原则，多提供一些这种具体而直观的感官细节，你描述的人物就会栩栩如生地呈现在观众的脑海里。这就是"展示，而不只是讲述"的原则。

本 章 小 结

· 用人物的外在细节让它们鲜活起来，这很重要。

· 多向观众提供一些感官细节，让故事中的人物栩栩如生地呈现在他们的脑海里。

· 遵循"展示，而不只是讲述"的原则。

第五章　如何为你的观众创作心理电影

我们用五种感官来体验这个世界：看，听，触摸，闻和品尝。通过提供尽可能多的这些感官的描述，你可以为观众创作一个你的人物和故事的心理电影。

让我们来看一下迈克·罗伊的例子。他是热门探索频道系列节目《干尽苦差事》的主持人。在他题为《干尽苦差事的所得》的 TED 演讲中，他讲述了阉割羊的经历。

他讲道：

也就两秒的时间，艾伯特把刀插入羊屁股旁边的软骨和尾巴间，手起刀落间，尾巴已经掉进了我拿着的桶里，一秒钟后，他用满是老茧的大拇指和食指紧紧抓住羊的阴囊，拉到了自己的眼前，就像这样，刀刃放在阴囊的尖端处，迈克，你以为你已经知道了事情接下来会怎样，错——事情完全超出你的想象，他割下了那尖端，扔向肩后，接着抓住阴囊向上推去，然后他低下头，我的视线被挡住了，只听到一阵啜吸声，还有好似一张巨大的胶带从黏糊糊的墙上撕下来的声音……

听到以上的描述你有什么感觉？你被恶心到了吗？你听到的时候是不是像我一样满脸厌恶的表情？你的脑海里是不是就像在演电影？这段简短的描述为什么影响力会如此强大呢？

这类故事真正的力量在于，它为观众提供了丰富的感官信息，使得故事很生动。你可以在脑海里想象出如电影般发生的事情。

在你的演讲中尽可能多地使用这五种感官，将帮你做到这一点。这些感官包括：

· 视觉（视线）

· 听觉（声音）

· 知觉（触感，情感）

· 嗅觉（气味）

·味觉（味道）

上面提到的所有这些，我们用首字母缩写 VAKOG 来帮助记忆。让我们来看看迈克在演讲中是如何捕获你的感官的。

视觉——在这个简短的故事中你可以看见什么？你能想象出那把刀，还有那个用"满是老茧的大拇指和食指"握着羊阴囊的人吗？

听觉——你可以听到什么？我感受最明显的就是"巨大的胶带从黏糊糊的墙上扯下来"的撕裂声。

知觉——你有什么感受？文中提到了"紧紧抓住"绵羊阴囊的动作，你可能因此进入那个特定的场景，感受到了绵羊所经历的痛苦。

嗅觉——你能闻到什么？这篇文章没有提到任何特定的气味，但如果这是你熟悉的东西，你可能已经开始感受到了农场里牲畜的气味。

味觉——你能尝到什么？再说一遍，虽然文中并没有关于味觉的具体描述，但文中的描述足以给你的嘴里留下不好的味道！

通过他故事中描述的多种感官感受的相互结合，迈克帮你创作了一部感官体验层次上的电影。埃里克·惠特曼在他的著作《吸金广告》中写道：

任何时候，我们生活中所经历的任何事，都会出现这些元素的混合体，我们把这些元素称为"IRS"——内部表征——因为它们代表了我们内心对周围世界的体验。

事实上，记忆只是这些元素的混合体。无论何时你回忆起何种经历，无论是昨天你吃过的比萨，还是28年前让你尖叫的过山车，你都会看到这五种元素的混合，一套"等于"你经历的固定模式。

换句话说，混合这五种感官元素有助于将你的故事带入生活中，并将它内化于观众心中。因此，对于观众来说你的演讲就会产生更深远的影响。

正如你在本章介绍的示例中所看到的，你的描述不需要太多太详尽，但你需要尽可能多地运用这五种感官元素，这样观众才能真正拥有一次很棒的体验。

本 章 小 结

构建演讲时，使用 VAKOG 的感官描述很重要，要尽可能多地运用这些感官元素。

· 视觉——你能看到什么？

· 听觉——你能听到什么？

· 知觉——从身体感官上或情感上，你有什么感觉？

· 嗅觉——你能闻到什么？

· 味觉——你能尝到什么？

· 即使你需要描述一些细节，也尽量要简而精。

第六章　用具体细节为故事增加可信度

　　制作你的个人故事时，很重要的一点是你需要提供尽可能多的具体细节。想要让你的故事变成观众心里的电影，请提供尽可能多的具体细节。如，形容一个人很高时，不要单纯地说"他很高"，可以说"他大概有 1.95 米高"；不要说"我正在给一大群人演讲"，而应该说"我正在给 500 名首席执行官演讲"。

　　你知道具体的细节是如何帮助你的观众感受现场场景的吗？非特定的陈述，如"这个人很高"，是无法让观众的脑海中浮现出具体的人物和场景的；"他大约 1.95 米高，有八块腹肌"这样为观众提供了足够多细节的说法，才能让观众明确地感受到人物和现场场景。

　　此外，根据我在前面章节中所强调的，在演讲中增加一些具体细节的描述会增加你演讲的可信度。

来看看莱斯利·摩根·斯泰纳演讲的以下部分：

> 我的愤怒成了康纳的借口，他用双手掐住我的脖子，死死地掐着，我无法呼吸，也喊不出声。他又掐着我的脖子，一次一次把我的头往墙上撞。五天后，我脖子上的十个指印才慢慢消退……

请注意，莱斯利说的是"五天之后"而不是"几天之后"。首先，这为观众提供了一个具体的时间点。其次，这些具体细节增加了故事的可信度。

我们再看一个例子，吉尔·博尔特·泰勒博士在她的TED 演讲《中风后的顿悟》中讲道：

> 但是，1996 年 12 月 10 日的早上，我醒来时，发现自己出现了脑神经紊乱。

你有没有发现，这比说"但是很多年前的一个早上，我醒来时，发现自己出现了脑神经紊乱"更有力？给出具体的日期——如 1996 年 12 月 10 日——听起来是不是比"很多年前"可信度更高？

所以，讲故事时，要尽量避免使用非具体性的语言，而是要多提供一些关于人物、场景和日期的具体细节信息。这些具体的细节有助于观众更切身地感受你所讲的内容，并增强你演讲内容的可信度。

本 章 小 结

- 具体细节有助于让观众明白你在说什么。
- 具体细节会增强你演讲的可信度。
- 提供关于人物、场景和日期的具体细节。

第七章　正能量故事的力量

你可以和观众分享两个类型的故事："积极导向"的故事和"消极导向"的故事。

积极导向的故事就是主要人物设法克服冲突，并进而变得更好的故事。这种类型的故事主要是告诉观众他们应该如何去做，才能保持高昂的斗志。

《当幸福来敲门》是我最喜欢的电影之一，作为一个积极导向故事的经典例子，给我们讲述了一个白手起家的励志故事。电影由威尔·史密斯主演，是由一个真实故事改编而来。剧中史密斯扮演的克里斯·加德纳这个角色，将他大部分的资金投入到一种骨密度扫描仪的仪器上。但是，他却无法卖出这些仪器，最终反而失去了房子和妻子，被迫和儿子一起住在大街上。

（旁白，这时冲突就出现了——他们会活下来吗？还是就此走向了死亡？克里斯会照顾好他的儿子吗？还是会失去儿子呢？他们又将如何克服困难呢？）

幸好，克里斯用他坚定的决心和辛勤的工作，最终获得了一份为期 6 个月的股票经纪人的实习机会。他的努力也再次得到回报，他后来得到了一份全职工作——一名股票经纪人，在电影的结尾，他通过自己的努力，成立了属于自己的价值达数百万美元的经纪公司。

《当幸福来敲门》是一个积极正能量的故事，因为它与观众分享了一个积极的信息——通过坚持不懈的努力工作，我们可以克服生活中遭遇到的那些最艰难的挑战。故事的结尾让观众心潮澎湃。

消极导向的故事，正如你所猜到的，是一个主要人物无法克服冲突，甚至最终的状态比以前更糟糕的故事。

我是这样看待消极导向的故事——它教会了观众什么不该做，此外，这类故事虽然很有启发性，但它起不到鼓舞人心的作用，并且让观众情绪低落，所以它们并不是你结束演讲的一种好方式。

积极导向的故事是鼓舞人心的，会让观众保持高昂上进的情绪。负面导向的故事虽然很有启发性，但它却会让观众的情绪低落。

所以，尽量还是与你的观众分享积极导向的故事吧。与观众分享积极导向的故事，不仅会让你的观众受到教育和激励，还不会给人以被灌输、被迫接受之感。

肯·罗宾逊爵士的《学校如何扼杀创造力》TED演讲，是积极导向方面的一个很好的案例，我们一起来看看下面这一部分：

我正在写一本书——书名叫《顿悟》，书是基于一系列"人们如何发现自身的潜能"的访谈而来的。我很好奇人们都是如何做到这一点的，而激发我开始写这本书的直接原因，源于我对一位优秀女士的采访——也许你们大多数人没听说过她——吉莉安·琳妮，你们知道这个人吗？应该有人知道吧。她是一个很有才华的舞蹈家、舞蹈编剧，她编舞的《猫》《歌剧魅影》等作品广为人知。正如你们所知道的，我曾是英国皇家芭蕾舞团的一员。有一次，我和吉莉安一起吃午饭，我问她："吉莉安，你是怎样成为舞蹈家的？"

她回答说：说起来很有意思，她上学时，是一个在学习上全无希望的差生。那是20世纪30年代，她的老师给她父母写信说："我们认为吉莉安患有学习障碍症。"她无法集中注意力，总是坐不住。用现在的话讲，那意思就是她有多动症。你们也这么想吧？但那时是20世纪30年代，"多动症"这个词还没出现。可惜时机不对（笑声），当时人们还不知道"多动症"这回事儿。

于是，她妈妈带吉莉安去看病。医生让她坐在椅子上，那20多分钟时间里，她一直把手压在腿下。她妈妈则一直在向医生讲述吉莉安在学校的表现：她在学校多不安生，总是晚交作业，等等，其实她不过是个才8岁的孩子——最后医生坐到吉莉安的旁边对她说："吉莉安，你妈妈跟我说了你很多事，现在我想和你妈妈单独谈谈。你在这儿等一下，我们很快谈完。"医生和她妈妈出去了。医生在出去时，随手把办公桌上的收音机打开了。他们走出房间后，医生对她妈妈说："我们在这儿观察一下她吧。"吉莉安说，他们一离开房间，她就站了起来，随着音乐跳起舞来。她妈妈和医生在门外看了几分钟，医生对她妈妈说："琳妮太太，吉莉安没病，她是个舞蹈天才。让她去上舞蹈学校吧。"

话说到这里，我问吉莉安："后来怎么样了？"她回答道："我妈妈送我去了舞蹈学校。我简直无法形容那里有多棒。那里有很多像我这样的人——坐不住的人。我们必须在动态中才能思考。"他们跳芭蕾舞，跳踢踏舞，跳爵士舞，跳现代舞。后来她考入皇家芭蕾舞学校，成为芭蕾舞主演，事业发展得非常成功。从皇家芭蕾舞学校毕业后，她成立了自己的公司——吉莉安·琳妮舞蹈公司，遇到了安德鲁·劳埃德·韦伯（音乐剧《猫》的编曲者）。她曾经演出过不少有名的音乐剧，给数以万计的观众带来了艺术享受，也获得了亿万财富。但是，她曾经也被认为患有多动症，被人要求"安静一会儿"。

故事的结尾，肯爵士收获了观众热烈的掌声。为什么？因为这个故事让他们情绪高涨。

对话在故事中的作用

我从肯爵士身上学到的另一个重要的经验是，对话在讲故事的过程中是很重要的。在上面的故事中，他就大量运用了对话。比如下面这段对话：

她们在门外看了几分钟，医生对她妈妈说："琳妮太太，吉莉安没病，她是个舞蹈天才。让她去上舞蹈学校吧。"

看看如果把对话换成叙述会怎样：

他们看了几分钟，医生告诉吉莉安的母亲，她的女儿没有生病。她是个舞蹈天才，她应该被带到舞蹈学校。

你发现对话和叙述的区别了吗？

对话比叙述更有力量。对话让观众得以进入当时的场景中，让他们能够准确地"听"到所讲的内容。同时，对话也比叙述用语更短，更强烈。最后，对话的另一个好处是，它允许你使用声音的多样性——你声音的节奏、音调和音量的轻微变化，就可反映出你演讲中不同人物的情感和语言。这样，你的演讲也变得更有活力、更具吸引力。

所以，讲故事的时候，不妨多用一些对话——不要只是一味地叙述。

本章小结

- 积极导向的故事鼓舞人心;
- 让你的观众情绪高涨;
- 用对话而不只是叙述。

━━━━━━━━━━━━━━━━━━□□

第八章　火花、变化和结论

　　我们知道冲突让故事更有吸引力。同时，我们也知道，积极导向的故事更能激励观众。

　　在故事的冲突和人物的最终胜利之间，还有一种我称之为"火花"的东西。"火花"，是指让人物战胜冲突的方法、想法或智慧。

　　火花是一个故事中最有价值的部分之一。这是观众可以借鉴的，用来克服他们自己生活中出现的类似冲突的方法或智慧。

　　想想你在生活中面临的困难挑战。你是怎么克服的？你克服冲突的方法如何？你克服困难的智慧是什么？

　　举一个简单的例子：假设有一个男人——我们叫他约翰，他体重近 140 千克。

【冲突/困难】约翰想减肥，但每次减肥过程中，总是因为毅力不足，最后很快放弃了。为此，他很沮丧。

【火花】但是，当他做体检时，医生却告诉他："约翰，你再不减肥，恐怕活不过五年啊！"这就是火花，约翰迫切需要改变他的生活。

【变化】时间飞逝，一年以后，约翰减到了 110 多千克，他的生活更美好了。

【核心信息】如果你给自己定了目标，但态度却并不明确，也没有迫切去实现它的强烈愿望，那么你永远都无法实现它。

上面的故事很简单，但却很好地阐释了讲故事的几个关键点。

1. 火花。火花是你故事中的人物为了克服冲突而获得的智慧或方法。

在我的一个故事里，我谈到了一个我因自己创业而兴奋的时刻。

然而，我的一个朋友非常消极，她不停地提醒我，我不会成功的，因为我没有足够的经验。每当我谈论到我的生意时，我的朋友都会用她的消极态度来打击我的想法。结果，我也开始就自己是否有足够的能力去创业，在内心深处引发了挣扎与斗争。

让我克服了朋友消极情绪的火花是埃莉诺·罗斯福的一句话：

"你若不允许，没有任何人能让你感到自卑！"

那时我才意识到，正是我的允许，才会让我的朋友给了我自卑之感——也正是在那一刻，我下定决心不再让她的消极情绪影响我。

是什么让你克服了生活中所面对的冲突？也许是你读到的一段语录，也许是从一位导师那里得到的建议，还可能是你从某本书中学到的小技巧。与观众分享你的火花，也许这正是他们所需要的，可以帮他们克服正在面临的挑战。

2. 改变。人物必须因冲突而改变。因为克服了冲突，人物的境况或个性必须有所变化。如，在约翰的减肥故事中，约翰从一个超重者变为一个瘦下来的健康人。

3. 结论。全美演讲者协会的第一任主席比尔·戈夫曾说过，要成为一个伟大的演讲者，你需要"讲一个故事，提出一个观点"。你的故事有什么意义？你演讲的核心信息是什么？把你的核心信息用一个简短、好记的短语总结出来，并且要便于观众去记忆去重复它。

如果要我去简化一个故事的结构，它会是这样的：

人物→冲突→火花→人物变化→核心信息

让我们看一个相关的例子。就用莱斯利·摩根·斯泰纳的关于家庭暴力问题的 TED 演讲，来分析一下上面的结构吧！我们一起来看一下这场演讲中的人物、冲突、火花、人物变化和核心信息。

莱斯利演讲中的人物是谁？ 莱斯利的演讲中有两个人物——莱斯利和她的前夫。鉴于莱斯利就站在舞台上，我们无须对她多加赘述。那么她的前夫呢？我们对他有什么了解呢？莱斯利告诉我们，她的前夫康纳"毕业于一所常春藤盟校，在华尔街一家著名的银行工作。为人既聪明又风趣，脸颊像苹果一样红扑扑的，一头小麦色的金发，一副农家男孩的形象，十分讨人喜欢"。莱斯利给了我们很多关于康纳的信息，足以让我们在脑海中清晰呈现出他的形象。

总之，在演讲里讲故事时，一定要提供一些关于主要人物的具体细节。

莱斯利故事中的冲突是什么？在莱斯利故事里，冲突是她被前夫家暴，但是因为那时的她深爱着他，并坚信他会所改变，所以才没有离开他。

莱斯利故事中的火花是什么？在莱斯利故事里，她最终还是鼓起勇气离开了康纳，因为最后一次的殴打突破了她能承受的底限。因为她意识到如果她不反抗，那个她曾深爱的男人真的会杀掉她，所以她开始向别人求助。

这个故事里的主要人物是如何因冲突而改变的？在莱斯利的故事中，改变是她从一段家暴关系中脱离出来，最终摆脱了这种关系。她从开始的否认自己的处境，到最后接受她深爱的男人真的会杀了她。此外，一开始她把自己受到家暴这件事当成秘密，到后来开始与外界分享她的故事，并由此去帮助有类似情况的人。

最后，莱斯利故事中的核心信息是什么？观众又从中学到了什么？莱斯用她的个人故事带我们经历了家庭暴力关系中的不同步骤，但她向观众传达的核心信息是，我们不应该责怪那些一直留在家庭暴力关系中的受害者，而是应该（如她所说）"用充满希望的未来，让家庭暴力关系中的受害者重新过上正常美好的生活。认识到暴力的早期迹象并及早进行干预，降低冲突，给受害者一个安全的出路"。

　　本书所介绍的故事结构可能很简单，但却非常有效，并且经过了实践的一再检验，尽管放心去运用这种方式构造你引人入胜的演讲吧！

本 章 小 结

- · 你的故事必须包含让人物克服冲突的火花；
- · 展现人物的变化；
- · 给出你的核心信息。

第九章　总结

所有成功的 TED 演讲共有的神奇要素是讲故事。如果你掌握了讲故事的艺术，你就能让观众着迷。不管你是进行 TED 演讲还是业务上的演讲，都离不开讲故事，因为它们太有说服力了。故事本质上是有趣的，是令人难忘的，它们可以让一个无聊的演讲变得精彩纷呈。

用好下面这 23 条原则，你的下一个演讲一定会更加生动有趣：

1. 观看成功演讲者的视频。分析一场演讲对你有哪些影响，是了解公共演讲中什么有效、什么不可行的一种绝妙方式。

2. 如果你在最初的 30 秒内没有抓住观众的注意力，观众的注意力就会游离于你的演讲之外。

3. 不要再用介绍性的开场白让观众厌烦了，从一个故事开始吧。

4. 故事之所以强大，是因为人们天生就喜欢听故事。

5. 故事将观众带入一场精神之旅。没有哪个观众能抗拒一个好听的故事。

6. 分享一个自己的故事。

7. 让故事无法抗拒的元素是冲突。冲突越强烈，你的故事越吸引人。

8. 问问自己："我故事中的冲突够强烈吗？能否唤起观众的情感共鸣？"

9. 无冲突＝无好奇心＝无兴趣。

10. 通过相应的外在细节让你的角色鲜活起来。

11. 给观众提供足够多的感官细节，让他们在脑海中构建出主要人物的具体形象。

12. 展示，而不只是叙述。

13. 用 VAKOG 将场景转化成心理电影。

14. 给出尽可能多的感官细节，但描述要简短。

15. 提供具体细节，以帮助观众更清楚地了解你所说的的内容。

16. 具体细节会增强演讲的可信度。

17. 积极导向的故事总是鼓舞人心的，它们让观众更乐于接受你所分享的信息，而不给人以上课之感。

18. 让观众保持高昂的情绪。

19. 使用对话而不只是叙述。比起叙述，对话更简短，也更有影响力，还可以在演讲中使用不同的语调。

20. 你的故事应该包含让人物克服冲突的火花。

21. 给出人物因冲突而出现的改变。

22. 用核心信息结束你的故事。

23. 保持核心信息的简短性，以便观众记忆并重复运用。

附　录

一场完整的 TED 演讲案例研究：塞斯·戈丁

接下来，让我们把目光放开一些，看看除了讲故事之外，要展开一场引人入胜的演讲还需要注意哪些地方。

塞斯·戈丁是我最喜欢的作家和演讲者之一。他是一个故事大师，很懂得如何让读者和观众沉浸在他的书和演讲中。

2003 年，塞斯进行了一场题为《如何传播你的想法》的 TED 演讲。

该演讲是迄今为止观看次数最多的 TED 演讲之一，YouTube 上的观看次数超过 50 万。这是一场伟大的 TED 演讲，演讲者给出了丰富的个人见解。

在本节中，我们将仔细分析塞斯的演讲，分析塞斯为了让观众被他的演讲所吸引，都使用了哪些方法和技巧。他演讲的可借鉴之处有很多：

- 引发观众的好奇心。
- 用故事让观众参与到你的演讲中。
- 通过会话建立融洽的关系。
- 使用以"你""我们"为中心的语言。
- 有效利用"先问题后方案"的结构。
- 用轶闻支持你的想法。

用开场白建立观众的好奇心

如果你未能在开场就吸引住观众的注意力，反而让他们的注意力游离于你的演讲之外，再想把他们的注意力引回来将非常困难。

塞斯并没有浪费他的这次机会，一开场就完全吸引了观众的注意力。我们一起来看看他的开场白：

我会用四个具体的实例来证明我的观点，并会在最后给出答案：一家名叫丝绸的公司怎样用一件事，把他们的销售额提高到原来的 3 倍；艺术家杰夫·昆斯又是怎样从一个无名小卒，挣出了大笔身家并广具影响力的；弗兰克·盖瑞又是怎样重新定义建筑师的。"

那么，是什么让这个开场白效果如此明显呢？

塞斯这种技巧中最重要的一点，就是激发观众的好奇心，把他们吸引到他的演讲中来。如他在开场白中说要与观众分享有价值的方法，但却并没有具体说出来是什么。于是，观众不免就会在心中问自己：

·丝绸公司到底做了什么竟然能让他们的销售额增加两倍？

·杰夫·昆斯是怎么从无名小卒挣出大笔身家的？

·这个叫弗兰克·盖瑞的人是如何重新定义建筑师的？

当观众开始问自己这些问题时，也就意味着他们已经被吸引住了。因为他们想找出这些问题的答案，自然而然地就会全身心投入到演讲中去。

所以，在做演讲前的准备工作时，你不妨问问自己，"我为观众的头脑准备了什么问题？"如果你没有为观众的头脑准备任何问题，他们就没有关注你演讲的理由，很快就会走神也就不奇怪了。

指出你演讲的价值

塞斯的开场白如此吸引人的另一个原因是他明确说明了这次演讲的价值，让我们再看一下这部分开场白：

一家名叫丝绸的公司怎样用一件事，把他们的销售额提高到原来的 3 倍；艺术家杰夫·昆斯又是怎样从一个无名小卒，挣出了大笔身家并广具影响力的？

如果你是一名观众，听这个演讲时，你会想些什么？你可能会想，"丝绸公司是如何使他们的销售额增加两倍的？我是不是也可以那么做呢？杰夫·昆斯是如何从一个无名小卒变成拥有大笔身家的？如果我知道他是怎么做到的，或许我也能挣来一大笔钱！"

问问自己，你向观众承诺了什么价值（隐性或显性）？

让观众参与到你的故事里

任何想要掌握公共演讲艺术的人，都必须掌握讲故事的技巧。故事的力量之所以强大是因为：

·**人们天生喜欢听故事**。在文字出现之前的几千年里，故事，正是知识得以流传下来的方式。孩子，也都是通过故事来认识这个世界的。

·**故事本身很有趣**。故事中有人物和冲突，这都会让人心生想象。我们总是会情不自禁地陷入一个好故事里。

·**故事令人难忘**。因为故事激发了我们的想象力，所以更容易被人记住。我们记住一个故事时，也会记得一些相关的内容。

·**故事可以产生共鸣**。我们会把自己与故事中的人物、情景联想起来，这就是为什么故事能让我们产生情感共鸣。也正是因此，故事是一种有效的、帮助演讲者加深与观众联系的好方法。

塞斯是一个讲故事的大师，在这场 TED 演讲中，他加入了很多奇闻轶事，让观众们保持着较高的兴趣度。比如下面这个关于奥托·罗韦德的小故事：

这位奥托·罗韦德先生发明了切片面包，和大多数发明家一样，他把所有的注意力都放在了销售和制造上。事实上，切片面包这项发明在当时的情况是这样的——在切片面包最初问世的15年里，根本就没人购买它，也根本没人知道这事，这是一项彻头彻尾失败的发明。

接下来是塞斯用来证明他观点的另外一个小故事：

还有这个家伙，莱昂内尔·普瓦拉纳，这位全世界最有名的面包师——遗憾的是，两个半月以前他刚刚去世了，他是我的挚友和心目中的英雄。他住在巴黎，去年他总共卖出了一千万美元的法式面包。

塞斯还用了一个自己的故事来吸引观众：

我病了，我去了这家药店，我要买一些药。为了那个装在蓝色盒子里的东西，一年时间里，那个品牌花了一亿美元试图引起我的注意。

无论你是用个人的故事还是他人的故事，关键在于你的故事能否娱乐到你的观众（引发观众兴趣），又能否给你的观众以启发（给观众以意义）。

使用对话语言

请注意塞斯是如何以一种轻松自如的方式来演讲的：

对我来说，不管你是一位咖啡馆老板，还是一个知识分子，或是一个商人，甚至正驾驶着一个热气球在天上飞，这适用于任何职业，无论我们是干什么的。

听塞斯演讲时，你不会觉得他在给你讲课，他也不是一个试图用他丰富的词汇量来加深你印象的人。他侃侃而谈，言行举止自然而从容，给观众以可靠可信的感觉，在对话中与观众建立起友好关系。

演讲内容要与观众相关

我曾参加过一个演讲，演讲者提出了一些重要的观点，但却没有说明他的观点与我有什么关系。身为一个演讲者，你应该明确一点——观众总是会问自己："这和我有什么关系？"向观众展示你的观点对他们有什么影响，又有什么关系，这是你工作的重要部分。

如，在塞斯这场 TED 演讲中，他首先谈到了切片面包的发明。他说：

……在切片面包问世后的最初 15 年里，根本就没人购买它，也根本没人知道这事，这是一项彻头彻尾失败的发明。

假如，接下来塞斯继续谈论切片面包，而不是告诉观众这个故事与他们之间的关系，那么观众免不了很快就会失去兴趣。但是，身为一名演讲大师，塞斯接着就揭示了这个故事与观众之间的联系，及对他们的影响。

其实，切片面包的成功，与我们前面所探讨的其他所有事物的成功一样，影响因素并不在它的专利怎样，或是它的工厂怎样，关键在于你的想法能否传播开来。

我认为，不管是你想得到什么，还是你想改变什么，关键是你得找到一种方法，一种让你的想法传播出去的方法。

不管你是想分享故事也好，案例也好，一定要确保把这些故事或案例与你的观众联系起来，并告诉他们，这与他们有什么联系。

用好"你"这个神奇的词

在公共演讲中，"你"是个非常神奇的词，它把演讲者与观众联系在一起。"你"，是英语中最有力的词之一。为什么？因为人们都对自己最感兴趣！

请注意，为了使切片面包的故事与观众相关联，塞斯是如何把焦点从切片面包（也就是以"他人为中心"），转移到以观众为中心（即"以你为中心"）。

我认为，不管是你想得到什么，还是你想改变什么，关键是你得找到一种方法，一种让你的想法传播出去的方法。

再看看塞斯演讲中另一个"以你为中心"的例子。

电视产业的运作流程是这样的，首先你花钱做了一些广告——一些人被广告打动了——你得到了一些客户，卖出了更多的产品，赚了钱的你又会继续做更多的广告。

无论你何时演讲，谨记你的演讲从来不是关于你的（演讲者），它总是关于观众的。请记住，你的演讲要用"以你为中心"的语言，要以观众为中心，避免犯"用以演讲者为中心、以我为中心的语言谈论自己"的错误。

如，在我的一次演讲中，我用了这样"以自我为中心"的语言来讲述我的故事。

我能感受到这种氛围，在这里，在香港会议展览中心，在四百多人的簇拥下。

虽然这个开端也不错，但我让它更上了一层楼，我将这句话变成了"以你为中心"。我的开场白是这样的：

你感受到这种氛围了吗？在这里，在香港会议展览中心，在四百多人的簇拥下。

你发现两者之间有什么区别了吗？第一句是以演讲者为

中心，第二句则是以观众为中心，因为用观众取代了我的位置——这让他们成为我故事的一部分，也让他们更集中精神听我演讲。

无论何时，只要有可能，请将"以我为中心"转换成"以观众为中心"（"以你为中心"）的演讲方式。

"我们"的力量

在一种特殊情况下，使用"以我们为中心"比使用"以你为中心"更好。

如，作为观众的一员，下面两种方式，哪种给你的感触更深刻？

（A）"很多时候，你因为太害怕失败，以至于从来不曾为自己的目标采取行动。"

（B）"很多时候，我们因为太害怕失败，以至于从来不曾为自己的目标采取行动。"

我个人更喜欢（B），为什么？因为如果你要告诉观众一些关于他们自己的"负面导向"的信息时，他们是有抗拒心理的，同时他们还会认为你很傲慢，因为你看起来像是把建议强塞给他们。

但是，如果你用"以我们为中心"的语言去分享一些"负面导向"的想法时，因为你自己也加入了其中，这样就不再是凌驾于他们之上，而是在"我们"的层面上与他们处于平等的关系。

看看塞斯演讲的这一部分，看看他如何使用了"以我们为中心"：

我们永远离不开服装行业，不管我们从事哪一行，服装行业都与我们息息相关。但这事是这样的，从事服装行业的人都了解这个行业的变化，因为他们已经习惯了这一点。而我们这些行业外的人想要弄清楚这点，就需要花费一些时间和心思。

想象一下，如果塞斯这样说：

……从事服装行业的人都了解这个行业的变化，因为他们已经习惯了这一点。而你们这些行业外的人想要弄清楚这点，就需要花费一些时间和心思。

显然，后一种说法更容易引起观众的心理抗拒。

他们会给塞斯贴上太"爱出风头""咄咄逼人"和"傲慢"等标签。

无论何时，当你要向观众传达一些负面导向（如，要告诉他们，他们犯了什么错误，他们应该停止做什么或者应该如何改变）的信息时，请用"以我们为中心"来展现你的谦逊，避免做一个咄咄逼人又傲慢的演讲者。

给出解决方案之前，先突出问题

塞斯巧妙地运用了先提出问题再提供解决方案的结构，这是一个非常简单而有效的演讲公式。在提供解决方案之前，先要突出问题，这个演讲公式为何会如此有效呢？因为——正如塞斯所说——你不先突出问题，人们又怎么会关心解决方案呢？

在演讲的前半部分，塞斯谈到了一个问题，并且一直在强化这个问题，直至观众为这个问题所困扰，急切地想要解决这个问题。

看看塞斯为了突出放大这种困扰都使用了哪些例子：

·为了那个装在蓝色盒子里的东西，一年时间里，那个品牌花了一亿美元试图引起我的注意。他们用一亿美元制造出了各种电视广告、杂志广告和垃圾邮件，还有各种优惠券、限量供应、红利——所有我可以直接忽略掉的单个信息。

·阿比汉堡店打算花85亿美元来宣传一只隔热手套，他们请来汤姆·阿诺德，打算用他的声音来吸引人们走进阿比汉堡店，去购买一个烤牛肉三明治。我在想，他们究竟要在一个电视广告里耍些什么花招，还得配搭上汤姆·阿诺德的声音，才能让你开着车，穿越整个城市，去买上一个烤牛肉三明治呢！

·消费者对此根本就不在乎，是的，完全不在乎。部分原因在于——他们比过去有更多选择的机会，与此同时，时间却更少了。在一个我们有太多选择而时间有限的世界里，我们必然会忽略一些事物。

上面的所有例子都强调了一个问题，即干扰营销这种老套的传播思想法已经行不通了。这样突出强调了问题的严重性后，塞斯让他的观众们更迫切地想知道问题的解决方案。

那么，解决方案是什么呢？用塞斯的说法来讲，是与众不同。再看看他是如何用紫色奶牛的例子，巧妙而不动声色地将问题转向了解决方案的。

看到母牛，没有谁会把车停在路边，然后对人说——看，一头母牛。没有人会做这种乏味无味的事。但如果那只母牛是紫色的——这效果够炫酷吧？你们愿意的话，我可以重复一遍。如果母牛是紫色的，你可能会关注它一下下。但是，如果所有的母牛都是紫色的，你也会觉得紫色母牛是乏味无趣的。人们会谈论什么，做什么，改变什么，购买什么，建造什么，这取决于——这事是否与众不同？"与众不同"确实是一个十分酷的词，因为我们常常把它理解为"非常棒"的意思，但它还意味着——值得我们去讨论。

当演讲转换到解决方案的部分后，塞斯余下的时间用来强调解决方案（与众不同的好处）。整个故事也就从"问题故事"转变成了"成功故事"，就如下面这样：

人们不想买这种面包，因为它不像"法国的面包"，不是他们想要的面包。但正是因为这种面包与众不同，反而让它在人们的口口相传中慢慢传播开来，直到走进了巴黎三星级酒店的餐桌，成为那里的官方面包。现在，莱昂内尔生活在伦敦，而他的面包正被联邦快递运送到世界各地。

那么，我们该如何使用"先问题后方案"的结构来做演讲？我们又能从塞斯身上学到什么呢？

首先，向观众突出强化问题。用故事和例子来突出问题，观众若感受不到问题的急迫性，就不会关心解决方案。

其次，确保从问题阶段到解决方案阶段的自然过渡。

最后，当观众急切想知道答案时，再去分享解决方案。使用大量的成功案例来证明解决方案的好处。

在你的下一次演讲中，去尝试用先问题后方案的结构来准备演讲吧！用这种超级简单而有效的结构，去捕获观众对你的想法的信任吧！

使用类比、暗喻和明喻

类比、暗喻和明喻能让你的观点更易于为观众所接受理解。在塞斯的 TED 演讲中，他就用了紫色奶牛的比喻来解释"与众不同"这个观点。

类比、暗喻和明喻不仅能帮助观众更好地理解你的想法，还能帮助观众记住这个想法。类比、暗喻和明喻激发了人们的想象力，让人们在自己的脑海中画出了图画，还有助于人们更好地理解它，在将来回忆起它。

你在演讲中，是怎样使用类比、暗喻和明喻的呢？

故事可以有很多，但核心信息只有一个

在塞斯的演讲中，他运用了大量效果显著的奇闻轶事——真实的效果也确实很明显！塞斯分享了下面这些奇闻轶事来支持他的论点：

·这个悠悠球卖 112 美元，但它的作用也只是在这里待上 12 分钟。不是每个人都会喜欢这个，但是他们并不在乎这一点。他们只是要让喜欢它的人知道，或许就能传播开来。

·这些人造出了世界上最大音量的车载音响。它的声音可以媲美波音 747，你甚至根本进不去，幸好它装备的是防弹玻璃，不然挡风玻璃都得给震碎了。

·这是硬糖公司生产的指甲油，当然它们不会吸引每一个人，但喜欢它们的人，会疯狂地谈论它们。

·我火不火"网站——每天有25万人光临，网站由两个志愿者管理，我可以告诉你的是，他们相当火爆，但他们并没有绞尽脑汁去投放更多的广告，而是想办法使它变得不同寻常。

如你所见，塞斯的演讲中充满了各种案例轶事。为了赢得观众对他想法的认可——让他们认识到"与众不同"这个策略的好处，即使它只是针对一个较小的市场——塞斯分享了很多公司通过"变得不同寻常"而取得成功的故事。

但是，请注意，尽管塞斯分享了很多故事，但他只给出了一个核心信息。演讲中的每一个故事，都是为了强化他的这个核心信息。

作为一个演讲者，你应该确保不要给观众太多的信息。如果你在一次演讲中塞入的信息太多，观众是无法记住的。在18分钟的TED演讲中，你尽可以去使用各种故事、案例、类比或其他的分享方式，但是请记住，核心信息只要一个就足矣。

正如塞斯演讲中的核心信息是："想传播你的想法，你就要与众不同。"你谈话的核心信息是什么呢？

用明确的行动号召结束演讲

演讲的结尾，塞斯又用了一个案例来支持他的主要观点，并最终结束了他那场鼓舞人心的 TED 演讲。甚至，他还再一次提到了"紫色奶牛"的比喻，对前面的演讲做了回应。他说：

最后再举一个例子。这是一幅华盛顿肥皂湖的地图，正如你们所见，它位于一个寸草不生鸟不拉屎的地方。

但那里有这么一个湖。过去人们会从几英里外赶来，在里面游游泳，但现在已经不行了。我们的创始人说："我们打算在这里投资，但是我们能建造些什么呢？"

大多数的董事委员可能会选择去建造一些既好看又安全的东西。然后，一个艺术家来了——他打算造一个 17 米高的熔岩灯放在市中心（这才是一个真正艺术家的作品）。这就是一头紫色的母牛，一件真正值得人们关注的事物。我不知道你们怎么看，但是如果它真的建造好了，我很想去那里看看。

这确实是一个很好的结尾，但我认为它还可以变得更好——用强有力的行动号召方式。明确的行动号召是一种声明，它让你的观众明确地知道，在听取了你的建议后，他们接下来应该去做些什么。而这，也正是你希望观众们接下来要去做的。遗憾的是，塞斯并没有用好这一点，这也让他的结尾缺少了一点鼓舞人心的激情。

说到明确的行动号召，艾米·卡迪在 TED 上做的精彩演讲就是一个好例子。

艾米用鼓励观众去尝试肢体语言的方式，结束了她的演讲。她还明确地向观众提出了下一步的行动，即"传播这门学问"。

在这里，我首先想请求大家，都去尝试这种有效的肢体语言，同时也想请求各位把这门学问分享出去，因为它很简单——这可不是我吹嘘噢（笑声）。与人分享它吧，分享给更多的人，因为常使用到它的，正是那些没资源、没技术、没地位、没权势的人，把这个分享给他们，让他们也可以随心使用，把他们的身体、他们的隐私和他们的那 2 分钟时间还给他们，这必将大大地改变他们的生活！谢谢大家。

　　这是一个明确而令人信服的行动号召——它促使观众去采取行动，去做出改变，而这也正是每一个演讲都应该具备的一点。

　　你会如何结束你的谈话？你演讲给出的下一步行动是什么？你的行动号召又是什么？

本章小结

- 利用开场白建立观众的好奇心；

- 在观众心中创设问题；

- 指出你演讲的价值；

- 让观众参与到故事中；

- 使用对话语言；

- 演讲内容要和观众相关；

- 用好"你"这个神奇的词；

- 分享负面导向时，使用"以我们为中心"的语言；

- 给出解决方案之前，先突出问题；

- 使用类比、暗喻或者比喻；

- 故事可以有很多，但核心信息只能有一个；

- 用明确的行动号召结束演讲。

关于作者

阿卡什·P.卡里亚（Akash Karia）是一位屡获殊荣的演讲和沟通技巧培训师，曾被评为 Kindle 亚太地区十大演讲嘉宾之一。到目前为止，他已赢得了 40 多场公共演讲的冠军，其中包括 2012 年度香港公共演讲冠军。他是一名广受欢迎的国际演讲者，在全球培训了 8 万多人，曾为很多领域的演讲者做过培训，包括中国香港的银行家以及瑞士的高管、坦桑尼亚的学生、泰国的瑜伽老师和迪拜的政府成员。目前，他住在坦桑尼亚，领导着一家市值数百万美元公司的销售团队。

下面是专家和阿卡什的客户对他的评价：

如果你想学习表达技巧、公共演讲技巧，如果你想找出你个人或你团队潜藏的这方面能力，那么你不妨请阿卡什·P.卡里亚来做培训。

——拉朱·曼迪亚

菲律宾《海外视野（*Expat Insights*）》节目主持人

阿卡什·P.卡里亚是一位优秀的演讲者，他对演讲主题非常了解。他对一场成功的演讲所需的条件有着深刻的理解。一个罕见的人才，他有很多对个人发展、对团队发展都很有用的东西。

——彭雪琳（Sherilyn Pang），马来西亚首都电视台记者

阿卡什是当今世界上最优秀的专业演说家和演讲培训师之一。

——布莱恩·特雷西，名人堂演讲者和畅销书的作家

阿卡什是一个了不起的演讲培训师！我在短短几个小时内收获了非常有用的内容。

——费提玛·杜吉，市值数十亿美元的企业集团营销总监

如果你是推销员，或是正在准备一场演讲，那么这本书正是你所需要的。

——麦斯特·巴拿马

这本书非常有见地，但又非常简单。这些简单的改动可以将无聊的演讲变成一个引人入胜的故事。这本书改变了我对有效沟通的看法。

——布莱恩·N

信息丰富，娱乐性强，新颖的思路跃然纸上。

——坦克"坦·齐克·赫德"，漫画家、作家

五分好评，对于那些多年来欣赏 TED 演讲价值的人来说，这本书非常有趣。

——安德鲁·K. 斯基普，布伦塔格公司总裁、董事

很好的书……我一直在东海岸的大学和财富 500 强的研修班中，从事演讲艺术的教学。在本书中，阿卡什提到了演讲中所有应注意的关键事项，对任何想要让演讲更震撼人心

的人来说，这都是一本不可错过的好书。

——大卫·毕晓普，新西兰漫画家、作家、编剧

我很少写书评，但这本书比我读过的其他任何演讲类书籍都要略胜一筹，我必须给予五星评价。我已经在我的博客上推荐了这本书，并将其加入到了我的参考资料名单中。

——大卫·施文德，美国企业家

期待已久的好书，现在终于读完了，真希望我能更早一点读到它。内容真的很棒，所介绍的原则也很容易遵循。

——诺尔·贝蒂利亚

阿卡什掌握了世界上一些最优秀的演讲者和主持人所使用的最佳创意、方法和流程，并将它们提炼成了一本循序渐进、易于阅读的指南，帮助你发现、开发和发表能够帮你脱颖而出的演讲。无论你是一个刚接触演讲这门艺术的新人，还是一个寻找演讲新视角的资深人士，《TED 说话的力量》都值得一读，并帮助你把演讲提升到更高水平。

——迈克尔·戴维斯，经认证的世界级演讲培训师

鸣　谢

除了 TED，我还想感谢苏珊·凯恩、莱斯利·摩根·斯泰纳、马尔科姆·格拉德威尔、迈克·罗伊、吉尔·博尔特·泰勒博士和肯·罗宾逊爵士在 TED 演讲中给予我的灵感。

最后，我也非常感谢克雷格·瓦伦丁和詹姆斯·恩·弗雷，是他们的工作和指导激发了我写这本书的灵感。

没有你们，我不可能完成这本书！

谢谢！

阿卡什·P. 卡里亚

作者、演讲家、企业家

关于正当使用的说明

在"正当使用"原则的前提下，我在本书中用到了一些受版权保护的材料，目的是通过对材料的分析，来教育大众。

本着教育的目的，我还节选了一些 TED 演讲的内容。TED，及其图形、标志、设计、页面标题、按钮图标、脚本和服务名等，都是 TED 会议有限公司的注册商标，尽管我是 TED 演讲的热心观众，但是请注意，我和 TED 没有任何关系。本书的写作是出于对有效沟通和 TED 演讲的热情，希望能有更多的人能通过这本书接触到 TED。

最后，在整本书中，我还附上对应的二维码，你可以观看文中提到的 TED 演讲。为了便于参考，你也可以在书的最后找到这个列表。我希望你和我一样喜欢这些演讲！